CURSO PRÁTICO DE ARBITRAGEM

Técnicas e mercado

Joaquim de Paiva Muniz
Lucas V. R. da Costa Mendes

Curso Prático de Arbitragem

CURSO PRÁTICO DE
ARBITRAGEM

INTRODUÇÃO

Arbitragem envolve tanto desafios conceituais – relacionados à estrutura jurídica do instituto – quanto concretos – descobertos e superados por meio de sua utilização. É um instituto de origem supranacional, em que agentes de diferentes países – e com diferentes culturas – se encontram e se influenciam reciprocamente. Possui arranjo e identidade próprios, portanto. É, ainda, um mercado: instituições de arbitragem, árbitros, advogados especializados e toda uma gama de agentes prestam serviços para a resolução das disputas.

Este livro não foi desenvolvido para quem inicia os estudos em arbitragem: existem ótimas obras introdutórias sobre o tema. É fruto de trabalhos empíricos e do contato entre profissionais experientes na área: foi desenvolvido para que temas árduos sejam estudados, organizados e, seus resultados, compartilhados.

A maior parte dos capítulos resume debates de sala de aula sobre temas até hoje pouco tratados no Brasil, como a elaboração de argumentos orais e escritos e estratégias de negociação da cláusula arbitral. Além de debates oriundos de sala de aula, a obra traz textos informados pela experiência de profissionais de destaque, atuantes em segmentos específicos da arbitragem, como o capítulo referente ao funcionamento e à organização de instituições de arbitragem no Brasil e outro, sobre a viabilização do financiamento de litígios no país – uma área crescente e da maior importância, especialmente em momentos de crise.

O livro, ou seja, segue o empirismo de outros projetos do Curso Prático de Arbitragem - CPA® em busca de conhecimento útil. É fruto do mundo real.

As experiências e conhecimentos acumulados em competições de arbitragem, ressalte-se, são relevantes fontes para a obra na medida em que quatro autores são consagrados e vitoriosos participantes de competições: Bernard Potsch (UERJ), José Victor Palazzi Zakia (FGV/SP), Lucas V. R. da Costa Mendes (PUC/Rio) e Pedro Felipe Gomes da Silva (FGV/SP) foram treinadores de equipes campeãs da Competição Brasileira de Arbitragem, organizada pela CAMARB, além de tantos outros títulos

Arbitragem, enfim, é um instituto construído e em construção. O trabalho que se segue pretende participar desta empreitada.

Joaquim de Paiva Muniz
Lucas V. R. da Costa Mendes

SUMÁRIO

.I. VISÃO PRÁTICA DA ELABORAÇÃO DA CLÁUSULA ARBITRAL

Joaquim de Paiva Muniz[1]

RESUMO: Este artigo visa a discutir os requisitos de validade de uma cláusula compromissória, bem como debater várias escolhas sobre os seus elementos, como regras, local da arbitragem, norma de direito material aplicável, quantidade e métodos de nomeação de árbitros, mediação prévia, prazos, arbitragem expedita e árbitros de emergência.

ABSTRACT: This article aims as discussing the validity requirements of na arbitration clause, as well as to analyze several choices in connection with said clause, such as rules, seat, applicable material law, quantity and appointment of arbitrators, mediation, terms, expedited arbitration and emergency arbitrators.

SUMÁRIO: 1. Cláusula compromissória: a cláusula da meia-noite. 2. Precauções para uma cláusula arbitral eficiente. 2.1. Poder Judiciário ou arbitragem? 2.2 Escolha clara do foro arbitral. 2.3 Regras, tipo de arbitragem e instituição administradora. 2.3.1 Arbitragens ad hoc e administradas. 2.3.2 Escolha da instituição e das regras. 2.4 Local da arbitragem. 2.4.1 País da arbitragem. 2.4.2. Cidade da arbitragem. 2.5. Lei aplicável. 2.6. Mediação prévia. 2.7. Número, forma de escolha e qualificação

1. CLÁUSULA COMPROMISSÓRIA:
A cláusula da meia noite.

A arbitragem é uma "criatura do contrato"[2], Não apenas porque as partes precisam consentir com a jurisdição arbitral para estarem a ela vinculadas, em vista do princípio constitucional do livre acesso ao Poder Judiciário[3], como também pelo fato de a convenção definir as linhas mestras do procedimento. Em outras palavras, no direito brasileiro a arbitragem sempre se origina de um contrato, embora possua natureza jurisdicional[4] Nessa linha, a convenção arbitral é o momento de tomada de decisões cruciais para o futuro da arbitragem[5].

Só que, na prática, a convenção arbitral é conhecida como cláusula da meia-noite. As partes cuidadosamente negociam o contrato, os advogados repassam os termos e condições na minúcia, mas com frequência a cláusula arbitral fica por último, frequentemente não merecendo a devida a atenção.

Esse fenômeno se deve a diversos motivos tais como:

Cultura: a partes estão acostumadas a foro judicial, em que esse dispositivo tem menos relevância.

"Topografia contratual": cláusulas arbitrais quase sempre constam do final, junto com dispositivos padrão (os "boiler-plates").

Interesse e experiência: os advogados que negociam contratos nem sempre serão os mesmo que se envolverão nos litígios.

Na verdade, a cláusula arbitral corresponde a um dos dispositivos mais relevantes de um contrato. De nada importa o direito material, caso não se disponibilize às partes os meios processuais adequados para os efetivar. Um contrato com cláusula de foro defeituosa não passa de mero pedaço de papel ou arquivo de computador, verdadeiro leão sem dentes.

A redação da cláusula compromissória não é algo tão complicado, desde que se tenha em mente os elementos que dela deva constar. Este artigo pretende transmitir, com uma visão prática, as principais preocupações para uma cláusula arbitral eficiente (2), inclusive para as mais complexas (3), finalizando com um *check-list* sobre o que seria o bom, o ótimo e o arriscado na elaboração de cláusula compromissória(4).

2. PRECAUÇÕES PARA UMA CLÁUSULA ARBITRAL EFICIENTE

Antes de mais nada, cabe desmentir o um mito de que a boa cláusula arbitral deve ser longa e detalhada. A cláusula será "cheia", ou seja, eficaz, se viabilizar a formação do painel arbitral.

Muitas vezes, para tanto, será necessário apenas se referir às regras de uma instituição arbitral, desde que elas apontem a solução para completar as lacunas. Por exemplo, muitas regras permitem que a instituição defina o local da arbitragem, no silêncio da cláusula compromissória[6]. Obviamente, não se está recomendando aqui que a cláusula arbitral seja minimalista e só se refira às regras aplicáveis. Porém, se quem redigir a cláusula compromissória não tiver experiência ou tempo (o que é comum, e por isso o apelido de "cláusula da meia-noite"), melhor não arriscar e replicar as cláusulas padrão da entidade arbitral selecionada, concisas, mas que funcionam.

Em primeiro lugar, deve-se avaliar se realmente a arbitragem é a melhor opção, ou se o Poder Judiciário seria o foro mais adequado (1). Se a escolha for mesmo pela via arbitral, há de se ter sempre em mente que uma boa cláusula se fundamenta em três pilares: expressão clara de escolha da arbitragem como meio de solução de litígios (2); escolha de regras e instituição administradora independente, capaz e com custo compatível (3); e determinação de local com jurisprudência favorável à arbitragem (4). Pode conter outros elementos, como lei aplicável (5), mediação prévia (6), número de árbitros (7), prazo para prolação de sentença (8), arbitragem expedita (9), árbitro de emergência (10) e responsabilidade por custas e despesas (11).

2.1.   Poder Judiciário ou arbitragem?

A arbitragem possui diversas vantagens com relação ao Poder Judiciário para resolver questões contratuais, dentre as quais se destacam:

Especialidade: os juízes detêm grande cultura jurídica geral, mas podem não dominar a regulação específica da sua atividade econômica, ou mesmos os usos e costumes aplicáveis. Menos provável ainda que eles conheçam os aspectos econômicos de um negócio complexo. A arbitragem permite a seleção de árbitros dentro do setor privado, que possam ser especialistas na sua indústria e/ou na matéria específica do litígio. Quanto mais especializado o julgador, maior a probabilidade de uma decisão de alta qualidade.

Possibilidade de nomeação de árbitros: no Poder Judiciário a distribuição de processos segue o Código de Processo Civil e as normas de organização judiciária aplicáveis. Ou seja, as partes não selecionam o juiz[7]. Na arbitragem existe a possibilidade de escolha, notadamente em painel de três árbitros, nos quais usualmente casa lado indica um nome. Dessa forma, pelo menos um dos julgadores em tese seria de confiança de cada parte - embora, diga-se e repita-se, o árbitro indicado pela parte deve ser independente e imparcial tal como os demais.

Flexibilidade: o Poder Judiciário é como uma roupa tamanho único, pois o procedimento está previamente fixado no Código de Processo Civil (CPC). Já na arbitragem as partes atuam como alfaiates, tendo liberdade de tecer o procedimento. As normas de natureza procedimental do CPC não se aplicam à arbitragem e as partes podem estabelecer o procedimento como quiserem, de modo a melhor se adequar ao problema específico, desde que respeitem os princípios do contraditório, da ampla defesa, da independência e imparcialidade dos árbitros, do tratamento igualitário das partes e do livre convencimento do julgador[8]. Contudo, essa liberdade traz consigo uma responsabilidade de as partes imaginarem procedimento eficiente e exequível.

Celeridade: uma arbitragem dura em média entre 14 a 33 meses em procedimentos nacionais[9], ao passo que um processo judicial pode demorar muito mais. Se as partes escolherem procedimento expedito, a arbitragem pode ser ainda mais rápida.

Privacidade: a arbitragem não é obrigatoriamente confidencial, ao contrário do que muitos imaginam, mas as partes podem prever na cláusula arbitral e/ou no contrato, ou mesmos as regras arbitrais aplicáveis podem determinar que o procedimento correrá em confidencialidade. A exceção é quando do litígio participar a administração pública, hipótese na qual não poderá ser sigiloso[10]. De qualquer forma, a arbitragem representa processo privado, na qual os autos a princípio não estão disponíveis a qualquer um, como acontece no processo judicial. Por conseguinte, a arbitragem se adequa muito bem a controvérsias que envolvam informações sensíveis, como *know-how* ou segredos comerciais.

Dito isso, nem sempre a arbitragem mostra-se mais adequada do que o Poder Judiciário. Por exemplo, se existem dúvidas sobre a possibilidade de uma determinada matéria ser resolvida por arbitragem (o que se chama de "arbitrabilidade"), talvez não seja o caso de selecionar essa via. Isso porque se corre o risco de uma batalha judicial sobre a validade da sentença arbitral. Vale dizer, as partes fugiriam do Poder Judiciário mas ao final voltarem às cortes estatais para discutir a validade da sentença arbitral, sem certeza da vitória, o que seria o pior dos mundos.

Além disso, a arbitragem costuma ser mais cara do que o Poder Judiciário. Em determinadas circunstâncias, quando o valor discutido for baixo, a sua razão custo-benefício pode não valer a pena. Esse problema pode ser mitigado, contudo, se tomadas certas precauções, como nomeação de árbitro único e escolha de arbitragem expedita, a serem analisadas a seguir.

2.2   Escolha clara do foro arbitral

A escolha por arbitragem deve ser clara. Pelo princípio do livre acesso ao Poder Judiciário[11], a escolha da arbitragem deve ser expressa. Isso pode parecer basilar, mas já houve discussões judiciais em situações nas quais a redação da cláusula era dúbia (eg, a parte "pode" submeter o litígio à arbitragem). Recomenda-se, assim, redação contundente no sentido de as disputas deverão ser resolvidas na via arbitral.

Em negócios internacionais mostra-se comum o uso de termo bem amplo (*"all disputes arising out of or in connection with the present contract"*), para incluir não só questões diretamente contratuais, mas também matérias de direito indiretamente relacionadas ao contrato. Busca-se, assim, o escopo mais amplo possível da cláusula compromissória.

Pode-se, em teoria, cogitar o fracionamento da cláusula arbitral, para se aplicar apenas a determinadas questões contratuais (como, por ilustração, em um acordo de acionistas, ao direito de retirada, mas não ao direito de preferência na compra de ações). Na prática, porém, isso raramente funciona a contento. Surgido o litígio, ao tentar qualificar determinadas questões, um advogado astuto pode identificar muitos tons de cinza naquilo que as partes pensaram, originalmente, que seria preto ou branco, gerando incidente processual para verificar a jurisdição aplicável. Melhor não arriscar. A meu ver, o único fracionamento que pode ser considerado refere-se ao valor do litígio, submetendo-se à arbitragem apenas conflitos envolvendo quantias superiores a determinado patamar, em que valesse o custo-benefício. Ainda assim, essa estratégia pode dar azo a chicanas, se uma parte subdimensionar ou inflar o valor real da causa para selecionar a jurisdição.

Algumas vezes as partes, por descuido ou ignorância, inserem no contrato tanto cláusula de foro judicial, quanto cláusula compromissória. A jurisprudência tem entendido que, nesses casos, prevaleceria a escolha da arbitragem [12]. O foro judicial se aplicaria apenas para as questões que não apropriadas para arbitragem, tais como execução de obrigação líquida e certa, se o contrato constituir título executivo extrajudicial.

2.3   Regras, tipo de arbitragem e instituição administradora

2.3.1   Arbitragens *ad hoc* e administradas

Há dois tipos de arbitragem: (i) administrada ou institucional, em que uma instituição administra o procedimento; e, (ii) *ad hoc* ou avulsa, na qual inexiste entidade administradora.

A prática no Brasil favorece a arbitragem administrada, devido às funções relevantes da instituição administradora. A entidade não só serve como um "cartório", como também exerce funções como (i) fazer a análise inicial de jurisdição e competência; (ii) decidir questões prévias à constituição do painel arbitral, como consolidação de procedimentos conexos, integração de partes adicionais e impugnação de árbitros; e (iii) nomear e/ou confirmar árbitros.

Esclareça-se, contudo, que entidade administradora não julga o mérito da causa. A função jurisdicional é privativa dos árbitros. As atribuições decisórias da entidade administradora são de natureza procedimental e estão concentradas principalmente na fase anterior à investidura dos árbitros e instituição formal da arbitragem. Depois de empossado o tribunal arbitral, a principal função decisória da instituição arbitral é justamente a análise de impugnação superveniente de árbitros.

Na arbitragem *ad hoc*, em vista da ausência de entidade administradora, as regras aplicáveis (normalmente as regras de arbitragem da UNCITRAL) deverão prever qual órgão tomará, se necessário, decisões procedimentais como consolidação de procedimentos conexos, integração de partes adicionais, nomeação e impugnação de árbitros. Nesse aspecto, as arbitragens administradas costumam ser mais eficientes, se surgirem questões procedimentais complexas, pelo fato de a instituição automaticamente tratar do assunto.

Alguns preferem arbitragem *ad hoc* pensando serem mais baratas. Economizam-se as custas da entidade administradora, porém esse escolha pode implicar em outras despesas, como a nomeação de secretário para ajudar na função administrativa. Isso sem contar o fato de os árbitros normalmente solicitam honorários elevados, diante do trabalho adicional.

Em suma, não se recomenda arbitragem *ad hoc*, salvo se as partes estivem agindo de boa-fé, forem experientes em arbitragem e o risco de questões procedimentais complexas ser baixo.

2.3.2   Escolha da instituição e das regras

Sobre a escolha de instituição, cabe alertar, primeiramente, para um equívoco recorrente: tentar misturar as regras de uma câmara com a administração por outra - por exemplo, regras de arbitragem da CCI administradas pelo CBMA, supostamente para diminuir custo. Tudo o que se faz com isso é criar confusão, pois muitas instituições, como a própria CCI, sustentam que as suas regras não podem ser usadas por outras entidades. Há o risco, portanto, de essa combinação ser considerada patológica, maculando a própria cláusula arbitral. Para evitar problema, escolha das regras de uma instituição deve resultar na escolha daquela mesma entidade para administrar a arbitragem.

Outra cautela é não escolher entidade arbitral desconhecida. Se a parte nunca ouviu falar, ou não tem referência clara sobre a qualidade dos serviços prestados, não deve hesitar em bater o pé contra a instituição. Na arbitragem, vale o que está escrito. Se a escolha recair sobre entidade inadequada, a parte deverá conviver com a escolha errada durante toda a arbitragem, talvez com consequências graves.

Uma precaução essencial refere-se à análise de custo-benefício: deve-se selecionar entidade arbitral com honorários administrativos e de árbitros compatíveis com o possível valor em disputa. Por um lado, causas grandes e complicadas comportam entidades sofisticadas, como a Corte Internacional de Arbitragem da CCI. Por outro lado, demandas menores, especialmente se tiverem menor complexidade, podem ser resolvidas por câmaras locais, mais baratas. Leiam a tabela de custas e honorários, que se encontram nos respectivos *websites*, antes de eleger uma instituição.

Feitas essas considerações, dentre o rol de entidades arbitrais qualificadas, idôneas e com custas compatíveis com o valor da causa, a definição da entidade arbitral acaba, na prática, sendo feita com base em fatores como reputação e preferência pessoal das partes e seus advogados. Na minha experiência, a escolha tende a incidir sobre a entidade arbitral que as partes conhecem e consideram eficientes.

2.4   Local da arbitragem

A questão do local da arbitragem tem duas dimensões, uma internacional (qual o país do local da arbitragem) e outra nacional (qual a cidade).

2.4.1   País da arbitragem.

Ao contrário do que ocorre em alguns outros ordenamentos jurídicos[13], a Lei de Arbitragem não distingue entre arbitragens domésticas e internacionais, com fins de estabelecer regras distintas. A lei brasileira restringe-se a diferenciar a nacionalidade da sentença arbitral, que poderá ser doméstica ou estrangeira, dependendo do local de prolação[14]. Grosso modo, sentença arbitral doméstica é aquela proferida no Brasil e estrangeira a proferida no exterior[15].

Da nacionalidade da sentença arbitral decorrem consequências práticas relevantes, dentre as quais se destacam:

Natureza: a sentença arbitral doméstica equipara-se a uma sentença judicial brasileira transitada em julgado, ao passo que uma sentença arbitral estrangeira corresponde a uma sentença judicial estrangeira.

Execução: execução de sentenças arbitrais estrangeiras está condicionada ao seu prévio reconhecimento pelo Superior Tribunal de Justiça. Já as sentenças domésticas podem ser objeto de cumprimento direto perante o Poder Judiciário de primeira instância, tal qual uma sentença judicial brasileira.

Controle judicial: as sentenças arbitrais estrangeiras podem ter seu conhecimento denegado nas hipóteses previstas na Convenção de Nova Iorque. Já as sentenças arbitrais domésticas são exequíveis desde sua prolação, podendo, contudo, ser anuladas, nos casos contemplados no art. 32 da Lei de Arbitragem, ou ser objeto de impugnação de sentença.

Lex arbitri: em regra, o local da arbitragem determina a lei de arbitragem aplicável (*lex arbitri*).

<u>Foro judicial auxiliar</u>: em geral o local da arbitragem define o Poder Judiciário nacional competente para conhecer e decidir sobre questões incidentais conexas à arbitragem (por exemplo, condução coercitiva de testemunhas) e sobre a anulação da sentença arbitral.

A arbitragem passa uma imagem de contencioso internacional, em que jurisdições como França, Suíça, Inglaterra e Estados Unidos são sempre melhores do que o Brasil. Nem sempre isso corresponde à verdade. A jurisprudência brasileira, especialmente do STJ, mostra-se favorável à arbitragem. Além disso, o custo de arbitragem no exterior tende a ser maior do que no Brasil. E, se o devedor estiver no Brasil, estabelecer aqui o local facilita a execução da sentença arbitral, pois se evita o processo de reconhecimento. No frigir dos ovos, há de se pensar muito ao se colocar o local da arbitragem no exterior, se as partes estiverem todas localizadas no Brasil.

Por fim, cumpre alertar que, quando se avaliar a escolha como local da arbitragem de país sem reconhecida tradição em arbitragem, há de se verificar se ele cumpre com certas condições indispensáveis, tais como (i) ter jurisprudência favorável à arbitragem; (ii) possuir lei de arbitragem adequada, de preferência refletindo a Lei Modelo de Arbitragem da UNCITRAL; e (ii) ser signatário à Convenção de Nova Iorque, que permite o reconhecimento da sentença arbitral estrangeira nos demais países que aderiram ao tratado.

2.4.2. Cidade da arbitragem

Mesmo se a arbitragem for no Brasil, deve-se tomar cuidado com a escolha da cidade, pelo papel auxiliar do Poder Judiciário local. Capitais de grandes estados como São Paulo, Rio de Janeiro, Belo Horizonte, Porto Alegre e Curitiba têm se mostrado amigáveis à arbitragem. Evitem sede em cidades brasileiras sem tradição no instituto, pois seus juízes não terão experiência na matéria. Por determinação do Conselho Nacional de Justiça, todas as comarcas estaduais de capitais brasileiras possuem varas com competências específicas para lidar com questões relacionadas a arbitragem, o que tem contribuído para a melhoria das decisões judiciais a esse respeito.

2.5.   Lei aplicável

Na arbitragem, as partes podem escolher as regras aplicáveis à solução do mérito do litígio[16], desde que isso não implique em ofensa à ordem pública e/ou aos bons costumes. Esse permissivo autoriza não só a eleição da lei de países estrangeiros, como também de normas para reger o mérito que não sejam propriamente ordenamentos jurídicos, tais como princípios gerais de direito, usos e costumes, regras internacionais do comércio e até mesmo julgamento por equidade.

Antes da Lei de Arbitragem, o direito brasileiro era considerado pouco flexível à escolha de lei aplicável a contratos internacionais. Isso porque a Lei de Introdução às Normas do Direito Brasileiro (LINDB) prevê que as obrigações sejam qualificadas e regidas pela legislação do país em que forem constituídas[17] – o que se lê, em regra, como o lugar onde os contratos forem firmados. Na hipótese de contratos celebrados entre ausentes, ou seja, com as partes em lugares distintos, consideram-se constituídas as obrigações no local onde residir o proponente[18]. Esses dispositivos eram considerados cogentes e se aplicam a litígios em foro judicial. Dessa forma, a arbitragem tornou-se o porto seguro, pois não há dúvidas que contratos sujeitos a cláusula compromissória podem estar sujeitos a lei estrangeira, conquanto que se respeite a ordem pública e os bons costumes.

Por um lado, as partes devem levar em consideração que não é qualquer negócio jurídico em que cabe a eleição de lei estrangeira. Por exemplo, a princípio não faria sentido reger por lei estrangeira negócio jurídico sem qualquer elemento de conexão com o exterior.

Por outro lado, em negócio jurídico internacional, vale discutir qual seria a lei aplicável ao contrato. Aconselha-se que a parte esteja totalmente informada dos efeitos dessa eleição e tenha sido representada por advogado conhecedor da legislação. Na prática, há uma diferença imensa eles a legislação dos países de *common law*, como a lei inglesa ou a Lei de Nova Iorque, que são mais respeitosos à redação contratual (os *"four corners of the agreement"*) e a tradição jurídica europeia continental, no qual a lei brasileira se enquadra, com todos os seus princípios e normas legais cogentes. Por isso, pesquisas apontam as leis inglesas e de Nova Iorque como as mais usadas em contratos de comércio internacional[19] - o que não significa que se pode negociar um contrato sob essas leis sem o auxílio de advogado nelas qualificado.

Já os julgamentos com base em equidade, em usos e costumes, em princípio gerais de direito ou em regras internacionais de comércio não são muito populares, pela insegurança jurídica que podem trazer.

2.6.   Mediação prévia

A previsão de mediação prévia à propositura da arbitragem, ou mesmo como uma primeira etapa do procedimento de resolução de litígios (a chamada "cláusula escalonada"), pode ser providência salutar. Caso bem conduzida, pode levar ao término do litígio em seu nascedouro, poupando tempo e esforços das partes. O potencial de sucesso da mediação apresenta-se particularmente alto quando:

(i)   verifica-se assimetria de informações entre as partes; e/ou

(ii)   o relacionamento das partes é afetado pela falta de diálogo ou de problemas de personalidade dos agentes; e/ou

(iii)   pode-se encontrar uma solução consensual de mútuo benefício, por exemplo, se o credor dá um desconto ao devedor, mas em contrapartida as partes entabulam novo negócio.

Mesmo se a mediação não levar a um acordo, pode não ter sido em vão. Ao menos, ela ajuda cada parte a entender melhor a posição da outra, bem como suas próprias forças e fraquezas.

Uma cláusula de mediação prévia à arbitragem deve permitir que a negociação seja encerrada a qualquer momento, se uma das partes precisar ir ao Poder Judiciário para uma tutela de urgência, ou se ficar claro que os litigantes não lograrão acordo. Algumas cláusulas escalonadas contemplam obrigação de negociar por meses a fio; na prática, as partes tendem a desrespeitá-las, pois quem tem problema tem pressa. Atente-se que, se, em previsão contratual de cláusula de mediação, as partes se comprometerem a não iniciar procedimento arbitral durante certo prazo ou até o implemento de determinada condição, o árbitro deverá suspender a arbitragem pelo prazo previamente acordado ou até o implemento dessa condição[20]. Por isso a recomendação de que se preveja que a parte possa sair da mediação a qualquer momento.

A Lei de Mediação prevê uma série de requisitos para a validade de cláusula escalonada, que podem ser substituídos pela indicação de regulamento de instituição idônea prestadora de serviços de mediação, no qual constem critérios claros para a escolha do mediador e realização da primeira sessão[21]. Para evitar questionamentos, melhor então que a mediação seja feita de acordo com as regras de uma entidade, que pode ser a mesma responsável pela arbitragem, se ela prestar ambos os serviços.

Em suma: para uma cláusula de mediação prévia funcionar bem, basta prever as regras de uma instituição e estabelecer que, a qualquer momento, as partes podem encerrar o processo mediatório.

2.7. Número, forma de escolha e qualificação de árbitros.

2.7.1. Número de árbitros

De acordo com a Lei de Arbitragem, o número de árbitros deve ser ímpar[22]. A tendência natural em uma arbitragem é tribunal de três árbitros, pois várias cabeças pensam melhor do que uma. Mas essas cabeças têm um preço. A escolha de árbitro único pode reduzir as despesas, pois economiza os honorários dos outros dois.

Não se está dizendo aqui que a seleção de árbitro único seria sempre melhor. Nem sempre melhor, mas sempre mais barato. Causas de maior valor justificam três árbitros, até porque a arbitragem corresponde a uma instância única e um tribunal reduz risco de erro, aumentando a probabilidade de decisão de melhor qualidade.

2.7.2. Forma de escolha de árbitros

Quanto à forma de escolha de árbitro, há quem goste de estabelecer o procedimento de nomeação na cláusula arbitral. Ocorre que a maioria das regras já determina como isso será realizado. Fixar, assim, procedimento de nomeação na cláusula, ou será redundante ou contraditório com as regras. Diante disso, prefiro cláusulas arbitrais que apenas afirmam que os árbitros serão escolhidos de acordo com as regras aplicáveis, *tout court*. A grande exceção reside quando o litígio puder envolver múltiplas partes com interesses diferentes e/ou múltiplos contratos. Nessa hipótese, convém analisar se as regras aplicáveis apontam solução satisfatória.

Problemas também podem surgir se a cláusula impuser qualificações muito rígidas para o árbitro. Cabe analisar se, quando o litígio surgir, realmente as partes conseguirão encontrar a pessoa que satisfaça todos aqueles predicados. Caso contrário, a cláusula arbitral será "patológica", vale dizer, terá um vício que pode prejudicar a sua exequibilidade (se as partes ficarem rodando em círculos em busca de alguém que não existe), ou mesmo a validade, pois uma das partes depois poderá tentar anular a sentença, se o árbitro finalmente escolhido não cumprir fielmente as qualificações previstas.

2.8.   Prazos

Pode também ser problemática o estabelecimento de prazos demasiadamente curtos para a arbitragem. Em tese, celeridade é bem-vinda, mas termo exíguo pode ser um tiro no pé. Isso porque, se o prazo previsto na convenção arbitral não for cumprido, qualquer parte pode notificar os árbitros e, caso a sentença não for proferida nos dez dias posteriores, a arbitragem deverá ser extinta[23]. Imaginem se a cláusula arbitral determinar prazo de 60 dias para a arbitragem e surgir a necessidade de uma perícia complexa? Para se mudar o prazo, seria necessário o consentimento de todas as partes e dos árbitros[24], o que não se pode garantir.

Melhor não se impor prazo rígido e qualquer previsão de termo seja apenas estimativa ou recomendação. Ou, alternativamente, esclarecer que o árbitro pode estender o prazo originalmente previsto sem o consentimento das partes, caso julgue necessário para a adequada solução do litígio.

2.9   Arbitragem expedita

Algumas instituições, como a CCI e o CBMA, estabeleceram, para causas abaixo de determinado valor, regras de arbitragem expedita, em que as custas são mais baratas e os prazos mais curtos, em contrapartida a um procedimento mais simples.

Esses regulamentos expeditos têm funcionado bem, mas as partes devem estar atentas que, ao adotar o regulamento expedito, estão aceitando um procedimento simplificado. Por exemplo, na CCI a arbitragem expedita é resolvida por árbitro único[25], que pode limitar a quantidade, tamanho e escopo das manifestações escritas e vedar pedido de documentos em posse da parte contrário[26]. A simplicidade tem seu preço.

2.10　Árbitro de emergência

Antes de instituída a arbitragem, as partes poderão recorrer ao Poder Judiciário para a concessão de medida cautelar ou de urgência[27]. Cessa a eficácia da medida cautelar ou de urgência se a parte interessada não requerer a instituição da arbitragem no prazo de 30 (trinta) dias, contado da data de efetivação da respectiva decisão[28]. Instituída a arbitragem, caberá aos árbitros manter, modificar ou revogar a medida cautelar ou de urgência concedida pelo Poder Judiciário[29].

Contudo, o Poder Judiciário não é a única via disponível para medidas de urgência, quando o tribunal arbitral ainda não estiver investido. Diversas regras, tal como o regulamento de arbitragem da CCI[30], facultam às partes a nomeação de árbitro de emergência, para decidir apenas a tutela de urgência, cedendo lugar quando o tribunal for constituído.

No Brasil, o árbitro de emergência não é muito popular, principalmente por dois motivos. Primeiro, porque o Poder Judiciário funciona, em regra, razoavelmente bem no tocante à concessão de medidas de urgência. Além disso, como o árbitro não tem poder de império, dependendo da medida, a decisão do árbitro de emergência pode precisar do auxílio do Poder Judiciário para sua efetivação. Por exemplo, o pedido de congelamento cautelar de uma conta bancária deverá passar pelas cortes estatais, por meio de uma carta arbitral, instrumento de comunicação entre árbitros e juízes.

Não obstante, o árbitro de emergência pode ser uma opção interessante, se a parte quiser evitar o Poder Judiciário. A experiência de outros países indica que as partes tendem a obedecer às decisões do árbitro de emergência e que a utilização do instituto aumenta a probabilidade de acordo no curso da arbitragem.

2.11   Responsabilidade por custos e despesas

Outro ponto controverso consiste na responsabilidade por custos da arbitragem, incluindo honorários de advogados. Não há dúvida que a sentença arbitral pode condenar a parte perdedora a reembolsar a parte vencedora por despesas como custas da instituição e honorário dos árbitros.

A maioria da doutrina entende que não se aplica à arbitragem sucumbência nos moldes do Código de Processo Civil, que concede ao advogado, como direito autônomo, direito a verba equivalente a porcentagem do benefício econômico da parte[31]. Isso porque a sucumbência decorre de previsão do Código de Processo Civil[32], que não se aplica diretamente a procedimentos arbitrais.

A praxe é o painel arbitral condenar o perdedor a indenizar o vencedor por custos razoáveis incorridos com advogados e outros profissionais, como assistentes técnicos, proporcionalmente ao resultado da sentença. Esse tipo de decisão dos árbitros é altamente subjetivo, não apenas quanto ao que seriam honorários razoáveis de advogados, como também no tocante a essa "proporcionalidade do resultado da sentença", especialmente se existirem vários pedidos postos e contrapostos, alguns procedentes, outros parcialmente procedentes e ainda outros improcedentes. Por isso, muitas vezes a cláusula compromissória simplesmente veda a indenização por honorários de advogados, ou estabelece teto para eventual condenação.

A cláusula arbitral pode enfrentar a questão, prevendo se e como a parte ganhadora será ressarcida pela parte perdedora dos custos da arbitragem, inclusive honorários de advogados. Não é uma decisão fácil, nem existe certo ou errado, dependendo da vontade das partes sobre como disciplinar esse assunto.

3. SUGESTÕES PARA CLÁUSULAS MAIS COMPLEXAS

Além do "feijão com arroz", certas circunstâncias podem tornar a cláusula arbitral mais complexa, demandando especial atenção, como (1) contratos relacionados, (2) relações de consumo; e (3) contratos padrão.

3.1   Contratos relacionados

Uma mesma relação jurídica e/ou econômica muitas vezes está refletida em mais de um contrato. Pode exemplo, sócios de uma *joint venture* podem ter um contrato social, um acordo de acionistas e um acordo de investimento. Uma empresa pode, conjuntamente, prestar serviços e vender produtos, em operações relacionadas, sujeitas a contratos distintos.

Podem surgir problemas, se as cláusulas compromissórias dos instrumentos contratuais não forem compatíveis (por exemplo, cada uma prever uma regra arbitral diferente). Nessa hipótese, o resultado mais provável seria diversas arbitragens distintas sobre temas conexos, multiplicando esforços e aumentando custos.

É importante, nesses casos, que todos os contratos tenham cláusulas arbitrais harmônicas (preferencialmente idênticas), estabelecendo a possibilidade de consolidar em uma única arbitragem litígios referentes a mais de um documento.

3.2   Relações de consumo

Diante do sucesso da arbitragem, alguns empresários consideram incluir cláusula arbitral em contratos com consumidores, o que demanda pelo menos duas reflexões.

A uma, como já discutido no item 2.1 acima, a arbitragem pode ser mais cara do que o processo judicial. Trata-se de forte barreira econômica para uso da via arbitral em relações de consumo, nos quais, em regra, o consumidor tem recursos financeiros restritos. A exceção seria para relações de consumo referente a bens de mais valor, como apartamentos, carros de luxo, embarcações e aviões.

Além disso, existe grande discussão sobre a eficácia de cláusula arbitral em relações de consumo proposta pelo fornecedor de produtos ou serviços, uma vez que o art. 51, VII, do Código de Defesa do Consumidor proíbe "arbitragem compulsória".

A jurisprudência do Superior Tribunal de Justiça tem permitido a arbitragem em relações de consumo apenas quando o consumidor toma iniciativa de propor a arbitragem ou claramente concorda com o procedimento[33].

Diante do estado atual jurisprudência atual, melhor seria o empresário não contar que poderá exigir do consumir a participação em arbitragem contra sua vontade. Se quiser arriscar, o empresário deverá estar ciente ser mais provável que a cláusula arbitral seja considerada como uma opção do consumidor, que poderá preferir o Poder Judiciário.

3.3   Contratos padrão

Não obstante o capítulo 3.2 acima, há de se notar que nem

todo contrato padrão envolve relação de consumo. Empresas podem utilizar contratos padrão em seus negócios *business to business*, para garantir homogeneidade nos termos e condições negociais. Esses contratos padrão poderão ter cláusula arbitral. Mas, para que esta seja eficaz contra o aderente, de acordo com a Lei de Arbitragem, ela deverá estar em negrito ou documento anexo, com visto ou assinatura específica, ou então o aderente deverá propor a arbitragem[34].

Minha preferência é que a cláusula arbitral fique em um anexo com assinatura das partes, e que haja opção para o aderente assinar outra versão do anexo, que não preveja arbitragem, de modo a ficar claro o consentimento. De qualquer forma, recomenda-se que o proponente da arbitragem registre as tratativas que levaram a assinatura do contrato com cláusula compromissória, para, se necessário, demonstrar a discussão sobre o tema.

4. CONCLUSÃO:

O ÓTIMO, O BOM E O ARRISCADO

Para concluir, vale sumarizar o que deve constar, o que pode constar e o que não seria recomendável em cláusula arbitral.

4.1.   Elementos recomendados:

a) Redação simples, curta e direta.

b) Afirmativa clara de que todas as disputas direta ou indiretamente relacionadas ao contrato deverão ser resolvidas por arbitragem, para demonstrar consentimento.

c) Escolha de regras aplicáveis, preferencialmente de uma instituição. Recomenda-se que as partes se informem antes se os custos da instituição são compatíveis com o valor de eventual disputa. Deve-se pesquisar se as regras possibilitam completar eventuais lacunas da cláusula arbitral. A instituição deve ser reconhecida pela alta qualidade dos serviços.

d) Seleção de local da arbitragem, prioritariamente em cidade cujo Poder Judiciário tenha jurisprudência favorável à arbitragem. No Brasil, pode-se citar, dentre outras, São Paulo, Rio de Janeiro, Belo Horizonte, Brasília, Porto Alegre e Curitiba.

e) Em contratos padrão ou de adesão, a cláusula arbitral deverá estar negritada ou em anexo, com campo para assinatura específica, de modo a demonstrar que o aderente teve conhecimento e expressamente anuiu.

f) Se o negócio envolver diversos contratos relacionados, replicar a mesma cláusula arbitral para todos os instrumentos contratuais, prevendo que podem ser consolidados na mesma arbitragem pleitos relativos a esses diferentes documentos.

4.2.   Elementos opcionais:

a) Mediação prévia ou como etapa inicial da arbitragem. Nesse caso, a cláusula pode prever que a qualquer momento, qualquer parte poderá desistir da arbitragem e propor ou prosseguir com a arbitragem, para evitar perda de tempo. A cláusula deverá estabelecer a forma de nomeação do mediador e quando ocorrerá a primeira reunião de mediação, ou se referir a regra de instituição.

b) Número de árbitros, preferencialmente três (3) para causas mais complexas e um (1) se o valor do litígio não for muito elevado.

c) Escolha de lei aplicável.

d) Determinação se a parte vencedora reembolsará a parte vencida dos custos e despesas de arbitragem, e se a parte vencida poderá reaver os seus custos com advogados;

e) Escolha de foro judicial auxiliar para cautelares prévias ou para medidas judiciais de auxílio à arbitragem.

4.3.   Não se recomenda:

a) Frases ambíguas sobre o escopo da arbitragem.

b) Prazo longo obrigatório para negociações prévias ou mediação, que impeçam as partes de ir para arbitragem.

c) Escolha de regras de uma entidade arbitral com administração por outra instituição.

d) Escolha de instituição administradora com custas e honorários de árbitros desproporcionais ao valor da causa.

e) Arbitragem *ad hoc*, salvo se as partes forem experientes em arbitragem e estiverem agindo com espírito extremamente colaborativo.

f) Procedimento para nomeação de árbitros incompatível com as regras aplicáveis.

g) Excesso de requisitos para qualificação de árbitros.

h) Local da arbitragem em cidade sem tradição em arbitragem.

i) Local da arbitragem no exterior, se todas as partes estiverem no Brasil e não houver justificativa razoável.

j) Prazo rígido para prolação de sentença arbitral.

.II. O ARGUMENTO JURÍDICO

Em busca do tempo perdido: IRAC e outros méto-dos argumentativos

Lucas V. R. da Costa Mendes[35]
Marianna Falconi Marra[36]
José Marinho Séves Santos[37]

RESUMO: O trabalho tem por finalidade apresentar técnicas de argumentação desenvolvidas em outras jurisdições e trazidas à prática do advogado brasileiro por meio do crescimento da arbitragem em nível nacional. O artigo trata da estruturação de argumentos jurídicos e da metodologia dedutiva apresentada pelo acrônimo IRAC, muito utilizado em países da tradição de *common law*. Aborda-se, também, a relação entre tal metodologia e a produção de provas e casos complexos, especialmente pericial e testemunhal.

ABSTRACT: The purpose of this paper is to present argument techniques developed in other jurisdictions and brought to the practice of Brazilian lawyers through the growth of arbitration at the national level. The article deals with the structuring of legal arguments and the deductive methodology presented by the acronym IRAC, widely used in countries of the Common Law tradition. It also addresses the relationship between such methodology and the production of evidence and complex cases.

SUMÁRIO: 1. O contexto da arbitragem. 1.1. Um instituto aberto ao mundo. 1.2. A complexidade dos "direitos patrimoniais disponíveis". 1.3. A necessidade de técnica no trabalho do advogado. 2. Lições de outras culturas jurídicas. 2.1. A estrutura da apresentação. 2.2. O argumento jurídico em si. 2.3. A elaboração dos argumentos. 2.4. Auxílio na organização de instruções probatórias complexas. 2.5. Tempo, a variável essencial na relação entre o direito e os fatos. 3. Críticas e outros métodos argumentativos. 4. Conclusão.

1.   O CONTEXTO DA ARBITRAGEM

Este artigo é fruto dos trabalhos de desenvolvimento metodológico do Curso Prático de Arbitragem - CPA®. As pesquisas objeto do presente foram conduzidas entre os anos de 2017 e 2018, quando as simulações realizadas no curso ganharam complexidade e percebeu-se a necessidade de apresentação de técnicas de argumentação para que os alunos pudessem, em tempo hábil e com qualidade, apresentar argumentos e produzir provas na simulação de audiência do curso.

As metodologias aqui referidas também são amplamente utilizadas em competições de arbitragem, as quais, por sua vez, tem origem em jurisdições estrangeiras. A despeito de certo ceticismo inicial, quando expostos a tais técnicas, rapidamente, os usuários – dentre os quais estes autores – percebem o valor e a eficiência dos métodos, os quais se mostraram solução necessária tanto para suas vidas profissionais, quanto para projetos acadêmicos.

1.1.   Um instituto aberto ao mundo

O fato de tais técnicas terem chegado ao Brasil por meio da arbitragem não surpreende. O instituto não é uma criação nacional: o poder legislativo brasileiro não criou a Lei 9.307/96 ("LArb") por sua exclusiva criatividade. Pelo contrário, o instituto tem origem supranacional e é adotado por grande número – e as principais – jurisdições do comércio internacional[38].

A história recente do instituto o relaciona à segunda guerra mundial; isto é, ao esforço, no pós-guerra, de evitar-se que as causas que levaram ao conflito se repetissem. O resultado é a Convenção de Nova Iorque (1958), que criou uma ferramenta neutra e isonômica para que partes privadas de diferentes países pudessem executar decisões em outras jurisdições, dificultando, com isso, o acúmulo de pendências entre privados de diferentes nacionalidades, o que acarretaria – como no passado – o acirramento de tensões políticas entre os países[39].

Quer dizer: a Convenção de Nova Iorque viabiliza que a sentença arbitral circule de maneira facilitada entre uma jurisdição e outra, o que, acompanhado de tantos outros pressupostos da arbitragem, viabilizou a relação – e a segurança jurídica – de agentes contratantes entre diferentes jurisdições. Tais características colocaram a arbitragem em uma posição de *centralidade* nas cadeias internacionais de comércio, as quais, conjuntamente, identificam e viabilizam a globalização tal qual hoje conhecida[40].

A arbitragem, em sua origem, é um instituto transnacional: ocupa uma posição fora dos limites de determinada jurisdição[41]. Consequência disso é o fato de, em suas disputas, haver coloridas e desafiadoras trocas culturais entre os profissionais atuantes na área. Práticas de *common law* ao lado da juridicidade de *civil law*; profissionais de diferentes culturas interagindo e aplicando o Direito de forma colaborativa e cooperativa. Isso tudo em um contexto majoritariamente privado, com restrita influência de poderes estatais.

As competições de arbitragem servem justamente para simular este mundo. Se é verdade que no mais das vezes os procedimentos arbitrais são confidenciais, também é verdade que simulações são o caminho de introdução e apresentação do instituto aos seus futuros operadores.

Por trás do enorme esforço de organização das competições há o objetivo de criar uma cultura comum aos usuários do instituto, algo que integre as diferentes tradições jurídicas e traga as soluções que o comércio internacional demanda. Tal assertiva decorre do contexto internacional, mas mostra-se plenamente aplicável ao mercado interno da advocacia: seja por conta da globalização ou como efeito da uniformização decorrente de desenvolvimentos tecnológicos, fato é que os agentes locais cada vez mais interagem com agentes globais, expondo todos às mesmas práticas e procedimentos. Longe de algo simples ou intuitivo, o desafio é tão apaixonante quanto complexo.

1.2. A complexidade dos "direitos patrimoniais disponíveis"

Não há dúvidas que as disputas levadas à arbitragem são *complexas*. O pano de fundo das disputas levadas à arbitragem é povoado por agentes de diferentes localidades e de diferentes especialidades interagindo de forma coordenada para a organização e a eficiência dos mercados. A dependência de novas tecnologias e de grande quantidade de dados é cada vez maior. Por essas e tantas outras razões, a eclosão de uma disputa leva à enorme complexidade, algo que, além de um desafio em si, por conta da correlação entre os agentes e os mercados, demanda, também, soluções céleres, dinâmicas e adequadamente precificadas.

Os exemplos típicos são as disputas de fusões e aquisições de empresas e as disputas de engenharia. Ambos os casos são caracterizados pelo fato de um único caso envolver dezenas, por vezes centenas, de disputas entre as partes. Uma disputa, por exemplo, de quarenta milhões sobre o preço de venda de uma empresa, pode envolver questões relativas (i) à precificação de seu estoque, (ii) ao contingenciamento de obrigações trabalhistas, (iii) à premissas de cálculo de parte variável do preço e a um sem número de outras possíveis disputas, as quais, em conjunto, somam os quarenta milhões. O mesmo ocorre em disputas de engenharia: concluída a obra, todo o histórico de pendências do contrato é reunido em um único procedimento arbitral, desde questões da fundação dos alicerces do prédio até ajustes realizados após aceitação definitiva da obra.

Serve como exemplo concreto da complexidade de tais casos a disputa, em andamento, entre a Companhia Docas do Estado de São Paulo - CODESP e a Libra Terminais S.A., a qual, por contar com a participação da União Federal, é pública. O sumário da sentença arbitral parcial bem demonstra a quantidade de itens em disputa, muitos relacionados à situação do porto, e em cada um uma série de questões jurídicas e factuais a ser resolvida[42].

A pergunta que se pretende responder com este artigo é: como resolver casos em que as disputas se multiplicam aos milhares e, no mais das vezes, em que as partes e seus representantes possuem identidades culturais distintas? Se dar tratamento jurídico adequado a um simples acidente de trânsito é tarefa difícil, a qual passa pela comprovação dos critérios de caracterização da responsabilidade civil (culpa-nexo-dano), como seria possível resolver um caso em que há centenas de disputas, toda envoltas em um contexto complexo e, ainda, hiperdocumentado? Quais experiências e técnicas de outras culturas jurídicas podem servir de base ao crescimento do advogado brasileiro?

1.3. A necessidade de técnica no trabalho do advogado

A resposta a tais perguntas não é diferente da resposta a esta outra, com a qual nos deparamos em sala de aula: como treinar uma turma de quarenta alunos para que um caso complexo seja apresentado e no qual sejam produzidas provas de forma eficiente e com alto rigor jurídico, tal qual é a expectativa da comunidade arbitral?[43] Justamente por serem perguntas equivalentes, iniciamos, em 2017, os presentes estudos, os quais, ano após ano, viabilizaram a elaboração de argumentos e provas incríveis, pelos alunos, nas simulações de audiência.

Como se passa a ver, existe todo um esforço internacional preocupado em organizar metodologicamente o argumento jurídico[44]. Em larga medida, tal esforço vem da necessidade de controle dos custos e do aumento da eficiência dos métodos de resolução de disputas. É comum em outras jurisdições a precificação dos profissionais do direito em horas corridas de trabalho, o que, no contexto da arbitragem, é especialmente relevante, posto que as partes financiam a integralidade do procedimento. Quer dizer que tempo é dinheiro e tudo será pago pelos próprios jurisdicionados, gerando incentivos mil para que os recursos sejam utilizados de maneira eficiente.

Na verdade, como se verá ao longo do presente, muito mais do que apenas uma preocupação com os custos da prestação jurisdicional, as metodologias abaixo referidas servem para melhorar o processo de aplicação de Direito, seja por meio da identificação dos critérios jurídicos que devem ser aplicados ao caso concreto, seja por meio da demonstração, em meio ao universo de informações, daquelas efetivamente úteis para a solução da disputa – tema essencial em instruções probatórias complexas e interdisciplinares.

2.   LIÇÕES DE OUTRAS CULTURAS JURÍDICAS

A principal tarefa do advogado, no momento da elaboração de um argumento, seja escrito ou oral, é converter o processo analítico de aplicação do Direito de modo a apresentar as informações de maneira organizada, clara e útil ao destinatário. Em outras palavras, argumento jurídico não é aula de Direito, tampouco uma simples narrativa. Nem doutrina, nem estória. É hipótese intermediária, uma criação que depende de ambos os mundos; tanto o jurídico, quanto o factual, algo que demanda método próprio.

De maneira simples, como afirma a doutrina estrangeira, é eficiente aquela argumentação que fornece uma explicação clara da análise legal e sugere confiança naquilo que está sendo defendido pelo advogado[45]. Como se verá mais adiante, a concretização de tal desafio pressupõe (i) a utilização de uma estrutura clara e previsível e (ii) um método que certifique a boa aplicação do Direito aos fatos do caso, sendo a rica relação entre ambos (Direito e fatos) o espaço de trabalho e de destaque do advogado.

2.1. A estrutura da apresentação

Fato é que mesmo com uma retórica brilhante, o ouvinte só será conduzido pelo advogado até determinado ponto. Se a argumentação não possuir uma *estrutura* clara, mesmo com um discurso bem reproduzido, determinados pontos importantes serão esquecidos, tratados de forma superficial ou mal compreendidos pelo julgador. É imprescindível que o discurso siga um formato que seja não apenas compreensível, mas também *dedutível*, conduzindo a compreensão por meio de raciocínios lógicos e intuitivos[46].

Desafios próprios do argumento oral. Se a necessidade de uma estrutura clara é importante ao argumento escrito, em que o próprio destinatário é capaz de acelerar e diminuir a velocidade de leitura, podendo, até mesmo, voltar para melhor compreender os argumentos e ressaltar aquilo que entende útil, nos argumentos orais o desafio é ainda maior, posto que velocidade, ênfase e uma série de outros mecanismos de interação são controlados exclusivamente por aquele que apresenta: a imprecisão argumentativa pode afastar sobremaneira a interação com o julgador – a despeito de todos os outros mecanismos de comunicação que a via oral viabiliza (gestos faciais, movimentos de mãos, pausas, mudanças de tons, utilização de material audiovisual etc).

O tempo como matéria prima essencial. A má utilização do *tempo* é decorrência da falta de estruturação do argumento[47]. A expressão mais utilizada sobre o tema é *"circularidade"*, a qual se refere à situação em que o apresentador volta para os mesmos fatos e as mesmas regras jurídicas, por vezes fazendo exatamente os mesmos pontos. Tal circunstância é prova de má utilização do tempo, o qual representa, junto das *informações*, a matéria prima do trabalho do advogado[48]. O convencimento do julgador, em outras palavras, ocorre no espaço de tempo que este dedica ao caso, de modo que sua má utilização é, fundamentalmente, o pior que pode ocorrer ao trabalho daquele que argumenta.

O tema tratado neste trabalho – técnicas de argumentação jurídica – poderia, a bem da verdade, ser denominado *"como melhorar a utilização do tempo de convencimento"*, pois, ao fim e ao cabo, quanto melhor utilizadas as técnicas aqui referidas, mais precisos serão os argumentos, viabilizando mergulhos mais profundos no Direito aplicável e nos fatos do caso, além de abrir a oportunidade de o advogado controlar o tempo de interação com o julgador por meio da escolha dos temas que se mostrem de maior interesse.

As competições de arbitragem, por exemplo, servem bem para demonstrar as diferenças fundamentais entre aqueles que bem utilizam o tempo e os que não. Todos os competidores possuem rigorosamente os mesmos minutos de apresentação. Ao presenciar-se um argumento de destaque – que normalmente diferencia uma equipe finalista das demais – o sentimento geral é o de *densidade argumentativa*: cada segundo da apresentação serviu para a compreensão e convencimento do julgador. Não há o sentimento de repetição ou de cansaço (*circularidade*)[49]. Muito pelo contrário, o resultado é de eficiência dinamismo: em que o tempo passa rápido para ouvinte. Tudo sob o controle daquele com a se encontra a palavra[50].

Identificação de prioridades. Todo caso requer prioridades: uma argumentação precisa e metodológica viabiliza a decisão e a escolha das linhas argumentativas essenciais – ao contrário dos argumentos feitos de "coração", em que o advogado depende de sua inspiração momentânea, inviabilizando trocas ou adequações. A flexibilidade argumentativa à qual se refere é decorrência do método utilizado.

Do abstrato ao concreto. O argumento, segundo a técnica que ora se delineia, inicia-se com uma apresentação geral do que será dito: uma frase, uma imagem, até mesmo uma palavra que seja trabalhada de modo a representar a *escala máxima de abstração* do caso. Conforme as etapas do método forem se desenrolando, cada um dos temas e subtemas serão aprofundados de forma organizada e racional. O método representa, em outras palavras, uma *escala progressiva de concretude* ao longo da apresentação.

Ou seja, após a apresentação geral do caso, as próximas ideias são, primeiro, apresentadas, e, depois, aprofundadas, sempre na ordem de apresentação. É um esforço de *organização estrutural* e de *aprofundamento temático* que caminham, ambos, de mãos dadas, razão pela qual o tema *estrutura* é, necessariamente, tratado conjuntamente com a *metodologia de argumentação jurídica*.

A melhor maneira de compreender a estrutura básica do argumento é por meio da observação de sumários de petições complexas[51] ou de *bullet points* utilizados para o auxílio de argumentos orais. Na sequência apresenta-se um exemplo realizado em linha com a situação do caso utilizado no curso de arbitragem comercial do CPA®. A questão mais simples do caso - utilizada como exemplo neste trabalho – é, em simples síntese, sobre a interpretação de uma cláusula contratual ambígua: não é possível depreender-se, pela simples leitura, se o preço do contrato comporta ou não a variação no valor de insumos[52]. Na dinâmica do caso, que trata de um contato de compra e venda de madeira, há majoração acentuada no valor da energia elétrica no país, um dos principais insumos da indústria madeireira. Debate-se, assim, se tal majoração corre sob a responsabilidade da madeireira ou da construtora que adquiriu a madeira para a construção de um condomínio de edifícios. O conjunto de fatos de caso conta com circunstâncias tanto em favor da interpretação em favor da madeireira, quanto em favor da construtora.

Os principais argumentos da madeireira servirão de exemplo ao presente caso. Ela argumenta que a cláusula deve ser interpretada como comportando variação ao preço do contrato. Suas principais alegações são relativas a uma conversa de Whatsapp entre os diretores (negociações preliminares) e à própria estrutura da cláusula de preço do contrato (interpretação sistemática do contrato).

Pois bem. Na coluna à esquerda mostra-se como os argumentos da madeireira iniciam-se de forma abstrata e vão concretizando-se de forma organizada e estruturada

Abstrato/concreto/ organizacional	Etapa do argumento jurídico
Organizacional	Apresentação
Abstrato	Abertura
Organizacional	Roadmap
Pouco abstrato	(i) Argumento 1: O preço comporta variação (cl. 4.3)
Pouco concreto	a. Negociações preliminares servem à interpretação
Mais concreto	i. Conversa de Whatsapp antes da assinat-

	ura
Muito concreto	1. Expressão "exceção" 2. "De acordo" de ambos os diretores
Pouco concreto	ii. A minuta sofreu alterações após a conversa
Muito concreto	1. A cl. 4.3 foi inserida posteriormente
Pouco concreto	b. Interpretação sistemática do contrato c. Conclusão do argumento
Pouco abstrato	(ii) Argumento 2: A madeireira não descumpriu a obrigação de entregar (iii) Argumento 3: Força maior é aplicável ao caso (iv) Argumento 4: O autor resolveu ilegalmente o contrato (v) Argumento 5: A construtora deve ser condenada ao pagamento de multa e danos
Abstrato	Fechamento

Os fatos e argumentos do caso simulado serão melhor apresentados ao longo deste trabalho. O importante, agora, é se perceber como a dinâmica de progressiva concretude dos argumentos, em conjunto com um esforço de organização de cada parte do raciocínio, é importante para o método. Mais abaixo tais etapas serão distinguidas entre a identificação do Direito aplicável e os fatos do caso.

O controle de tempo. Eis a relação entre o método e o controle de tempo: se a atenção do julgador se voltar para determinado assunto – seja pelo momento em que o feito se encontra, seja por perguntas ou expressões faciais durante um argumento oral – o advogado poderá escolher determinado tema e aprofundá-lo, dedicando mais tempo a tal assunto; em contrapartida, utilizará menos tempo – e profundidade – aos temas que o julgador parece dirigir menos atenção. Em ambos os casos, o advogado abordará todos os temas que precisam ser tratados, mesmo que com apenas uma frase para aqueles aparentemente menos essenciais. Conclusão: o tempo pode ser utilizado de forma dirigida e eficiente, garantindo-se, ainda assim, que todos os assuntos sejam tratados.

Veja-se o exemplo acima com adaptações para a situação em que os julgadores parecem interessados no argumento de "interpretação sistemática do contrato". Para fins de esclarecimento, optou-se por simplificar o argumento relativo às "negociações preliminares":

Abstrato/concreto/ organizacional	Etapa do argumento jurídico
Organizacional	Apresentação
Abstrato	Abertura
Organizacional	Roadmap
Pouco abstrato	(i) Argumento 1: O preço comporta variação (cl. 4.3)
Pouco concreto	a. Negociações preliminares
Mais concreto	i. Aceitação expressa dos diretores
Pouco concreto	ii. Alterações à minuta de contrato
Mais concreto	b. Interpretação sistemática do contrato
Muito concreto	i. Direito
Aprofundamento doutrinário	1. Doutrina nacional 2. Doutrina estrangeira 3. Julgado do STJ
Muito concreto	ii. Fatos

Aprofundamento dos fatos	1. Cl. 4.1: Valor 2. Cl. 4.2: Preço global 3. Cl. 4.3: Exceção de insumos
Muito concreto	iii. Conclusão: o preço comporta variação
Pouco concreto	c. Conclusão do argumento
Pouco abstrato	(ii) Argumento 2: A madeireira não descumpriu a obrigação de entregar (iii) Argumento 3: Força maior é aplicável ao caso (iv) Argumento 4: O autor resolveu ilegalmente o contrato (v) Argumento 5: A construtora deve ser condenada ao pagamento de multa e danos
Abstrato	Fechamento

Como se percebe, houve pouca alteração à estrutura do argumento como um todo. A mesma abertura e etapas iniciais foram utilizadas. Dedicou-se, no entanto, muita atenção aos detalhes da tese jurídica que dá suporte ao tema relativo à interpretação sistemática do contrato. Por lógico, para a construção e detalhamento de tal tese, mais *tempo* – consideravelmente – será necessário, optando-se, em contrapartida, pela simplificação do argumento anterior.

Quer dizer, então, que uma estrutura argumentativa bem organizada e clara viabiliza ao advogado a oportunidade de focar naquilo que parece mais importante, sem que outras teses sejam perdidas ou ignoradas. Mantem-se a estrutura e aprofunda-se naquilo de interesse.

A estrutura clássica de apresentação. Os exemplos acima seguiram a *estrutura clássica* de apresentação, a qual se inicia com (i) uma apresentação daquele que fala – pode ser o cliente nos argumentos escritos, ou o cliente e o próprio advogado nos argumentos orais ("Apresentação"); passa para (ii) uma abertura do argumento como um todo ("Abertura"), caminhando, então, para o (iii) *Roadmap*, quando todos os argumentos serão colocados em ordem, extraindo-se uma figura geral do que será dito ("Roadmap"). Apenas no momento seguinte é realizada (iv) a argumentação propriamente dita, a qual deverá seguir uma forma clara de organização do raciocínio jurídico, como o IRAC ("IRAC"). Ao final de tudo, um (v) fechamento de toda a apresentação deve ser formulada ("Fechamento").

Como se verá abaixo, o IRAC é apenas uma das formas de organização do raciocínio jurídico. Em relação à estrutura como um todo, no entanto, variações são raras. A estrutura apresentada no parágrafo anterior – e detalhada nos seguintes – tende a ser lugar comum em manifestações mais complexas. Manter-se tal estrutura é, para o meio da arbitragem, quase uma garantia básica de compreensibilidade pelos julgadores: eles sabem qual será a figura geral da argumentação, por onde vai passar e aonde vai chegar.

Abertura e fechamento. Ver-se-á ao longo deste artigo que o raciocínio jurídico deve ser fruto da razão: a conjugação entre premissas levando a conclusões. O método, contudo, não é indiferente à criatividade. São nos momentos inicial (abertura) e final (fechamento) que o apresentador tem mais espaço para expressar uma abordagem colorida e cativante do caso. Afinal, é no início que se cria o interesse do julgador e no final que se imprime a última memória do caso.

Costuma ser dito que a *abertura* e o *fechamento* do caso devem conter figuras que contemplem todas as linhas de argumentação abordadas. Serve como exemplo a abertura de um aluno, nos idos de 2016, que focava na palavra "expectativa" e na ideia de que a outra parte não fez aquilo que falou: todas as linhas argumentativas pressupunham inadimplemento contratual, os quais eram interpretados por meio de uma troca de e-mails. Ou outro, em 2011, que se serviu de uma imagem com a expressão "pacta sunt servanda" para demonstrar, em outra competição, que a administração pública utilizava de todos os subterfúgios para não cumprir cláusulas contratuais (em jurisdição, alegava os direitos inarbitráveis e, no mérito, valia-se de uma interpretação extensiva de cláusulas exorbitantes).

Roadmap. Feita a abertura, a boa técnica recomenda resumir toda a linha de argumentação em um único parágrafo. A recomendação, inclusive, é que os pontos sejam numerados de forma clara, de maneira lógica. Muito embora para os praticantes da arbitragem pareça lugar comum, fato é que em cursos, especialmente fora dos grandes centros, a ideia de um resumo geral dos argumentos logo no início parece contra-intuitiva.

A melhor maneira de explicar o *Roadmap* é por meio de um exemplo. Veja-se como o *Roadmap* abaixo representado aborda todos os argumentos que serão apresentados pela madeireira, desde a interpretação da cláusula ambígua até a quantificação dos danos[53]:

> "*Conforme se verá ao longo desta manifestação, (item 1) o preço do contrato contemplava variações, especialmente relativas ao preço de insumos, as quais devem ser pagas pela construtora. Além disso, será demonstrado (item 2), que a madeireira não descumpriu a sua obrigação de entregar a madeira no prazo acordado. Também será demonstrado (item 3) que a situação deve ser caracterizada como caso fortuito ou força maior e (item 4) que o contrato foi ilegalmente resolvido pela construtora. Por fim, será comprovado (item 5) que o Réu deve ser condenado ao pagamento da multa contratual, além da indenização de outros danos*"[54].

Simples e eficiente: é possível ao leitor compreender quais serão os argumentos a serem apresentados pela parte, posto que indicados de forma organizada e logicamente encadeada[55]. Novamente tomando como exemplo competições de arbitragem, é comum que os alunos façam a apresentação do *Roadmap* de forma pausada e vagarosa, pois os árbitros, no mais das vezes, anotam os argumentos para facilitar a compreensão da estrutura.

Muito bem. Como se percebe, as etapas de *"abertura"* e *"Roadmap"* servem para bem localizar o receptor das informações, explicando o que será dito, em que direção e ordem. A etapa seguinte é a mais importante, merecendo a integralidade de um subtópico para si.

2.2.   O argumento jurídico em si

Há diversas fórmulas que auxiliam a estruturação do raciocínio jurídico. São geralmente referidas como um acrônimo, que traduz a metodologia a ser empregada. Tais fórmulas são ferramentas importantes para a produção de uma argumentação precisa. O acrônimo mais conhecido é "IRAC", o qual, em inglês, representa as iniciais de *"Issue"*, *"Rule"*, *"Application"* e *"Conclusion"* [56] – algo que pode ser traduzido para o português como "Problema", "Critério Jurídico", "Aplicação" e "Conclusão".

Problema. O IRAC é um método dedutivo: é pela relação entre uma premissa maior (o critério jurídico[57]) e uma premissa menor (os fatos do caso) que se chega à conclusão. Antes do início da relação entre tais premissas, no entanto, é necessário identificar os limites do raciocínio, isto é, o que se pretende argumentar, o problema a ser resolvido. Veja-se. Não é qualquer identificação de problema que basta. Ele precisa ser resolvido por meio do tratamento jurídico que será construído na etapa seguinte do raciocínio.

Não funcionaria, por exemplo, a identificação de um "problema" excessivamente amplo, como: "o Réu está errado e o Autor está certo". A técnica jurídica, como se passa a ver, é fundamental para um bom desenrolar do argumento.

Pois bem. Seguindo o exemplo do *Roadmap* acima exemplificado, o primeiro problema a ser abordado seria *"o preço do contrato contemplava variações, especialmente em relação a insumos, as quais vem ser pagas pela construtora"*[58].

Critérios jurídicos aplicáveis. Bem identificado o "problema", a etapa seguinte é a caracterização dos critérios jurídicos aplicáveis ao caso. Em se tratando de uma questão de interpretação contratual, o fundamento jurídico básico são os artigos 112 e 113 do Código Civil, os quais levam a conceitos amplos como a "boa-fé objetiva" ou os "usos e costumes"[59].

O caso simulado no curso de arbitragem comercial foi desenvolvido para levar os alunos aos desafios de trabalhar com uma normatividade fluida como o princípio da boa-fé objetiva. Fato é que tal princípio comporta diversas interpretações, de modo que, ou bem o advogado desenvolve uma tese jurídica metodológica e bem fundamentada, ou o argumento não passará de sua opinião pessoal, com baixo potencial de convencimento.

Neste sentido, o que se busca são "critérios jurídicos" úteis à aplicação do Direito. É aqui que entra a "tese". Pesquisas doutrinárias e jurisprudenciais são muito úteis para identificar tais critérios, seja por meio do desenvolvimento em abstrato da normatividade (doutrina), quanto por meio da utilização de outros casos concretos como parâmetro (jurisprudência).

A este respeito, são frequentes os comentários sobre a utilização atécnica do Direito pela advocacia brasileira. Durante os tempos de pandemia da Covid-19 muito tem sido dito sobre a alteração das circunstâncias subjacentes ao contrato, aguardando-se uma enxurrada de ações nos tribunais sobre o descumprimento de obrigações. Uma abordagem imprecisa do Direito, no entanto, tem levado muitos advogados a confundirem, por exemplo, a figura da força maior com a hipótese da onerosidade excessiva[60], as quais, ao bem da verdade, possuem critérios jurídicos muito diferentes[61]. A confusão entre as figuras, ou seja, é prova de um total abandono da metodologia argumentativa, em que sequer os critérios legais são perquiridos em busca da aplicação de regras jurídicas tão excepcionais quanto aquelas que acarretam o afastamento ou a flexibilização de obrigações contratuais[62].

De volta ao exemplo da interpretação da cláusula contratual ambígua no caso simulado pelo CPA®. Pesquisas doutrinárias sérias e bem balizadas trazem diversos critérios interpretativos úteis, como (i) as negociações preliminares, (ii) o comportamento das partes após a assinatura do negócio e (iii) as práticas da indústria em que inseridas as partes[63]. Ao contrário de uma noção geral extraída do princípio da boa-fé objetiva, estes critérios são importantes para o aplicador do Direito, os quais viabilizam a busca por informações específicas e bem delimitadas, garantindo robustez ao argumento.

Aplicação. Fixada a premissa maior, qual seja, o critério jurídico, basta a relação com os fatos do caso. A conclusão é decorrência do método. No caso simulado, por exemplo, há prova de que os diretores da empresa negociaram, por meio de uma conversa de Whatsapp, uma "exceção" à regra de que o preço seria fixo e global, situação que, aliada à premissa de que as negociações preliminares são importantes à interpretação do negócio, leva à conclusão de que o contrato comporta, sim, variações ao preço[64].

Veja-se novamente a tabela de organização dos argumentos do caso simulado, dessa vez com o enquadramento de cada etapa do raciocínio jurídico na estrutura do IRAC. Exemplifica-se apenas com os argumentos de interpretação contratual, tal como acima:

IRAC	Etapa do argumento jurídico
	Apresentação

	Abertura
	Roadmap
Problema	(i) Argumento 1: O preço comporta variação (cl. 4.3)
Critério jurídico	a. Negociações preliminares servem à interpretação
Aplicação	i. Conversa de Whatsapp
Aplicação	1. Expressão "exceção" 1. "De acordo" entre os diretores
Aplicação	ii. Alterações à minuta de contrato
Aplicação	1. Cl. 4.3 foi inserida posteriormente
Critério jurídico	b. Interpretação sistemática do contrato
Critério jurídico	i. Direito
Critério jurídico	1. Doutrina nacional 2. Doutrina estrangeira 3. Julgado STJ
Aplicação	ii. Fatos
Aplicação	1. Cl. 4.1: Preço global 2. Cl. 4.2: Exceções em aditivos 3. Cl. 4.3: Exceção de insumos
Conclusão	c. Conclusão do argumento
	(ii) Argumento 2: A madeireira não descumpriu a obrigação de entregar (iii) Argumento 3: Força maior é aplicável ao caso

	(iv) Argumento 4: O autor resolveu ilegalmente o contrato (v) Argumento 5: A construtora deve ser condenada ao pagamento de multa e danos
	Fechamento

O argumento é apresentado de maneira fluida e direta, em que o advogado segue uma linha racional, mantendo constante a compreensão pelo julgador. Não se menciona a fase do argumento em que se encontra – se abordando critérios jurídicos ou fatos -, mas, aquele que argui, muito bem precisa saber a etapa do raciocínio em que se encontra. Quanto mais consciente, melhor será a organização de frases, a divisão entre parágrafos, a utilização de títulos e de tantas outras expressões e linguagem para enriquecer a sua interação com o julgador.

Mais do que isso, uma construção racional como esta garante que o advogado transite de forma linear entre um argumento e outro, evitando repetições e perda de tempo com construções que não levam aos pontos centrais do caso.

Conclusão. Como visto, a conclusão é decorrência do método: a própria relação entre os critérios jurídicos e os fatos levam às conclusões.

A complexidade argumentativa. A estrutura mais simples do IRAC é bem representada pelo exemplo da antiguidade: "*Todo homem é mau. João é um homem. Logo, João é mau*". Infelizmente, a vida real é muito mais complexa do que isso. O próprio exemplo que foi trazido demandou a distribuição de uma série de premissas maiores e menores para a condução do raciocínio.

O advogado, ou seja, enfrentará situações em que haverá diversos "problemas" e cada um demandará a aplicação de múltiplos "critérios jurídicos" para ser resolvido, ou que os fatos se subdividirão em várias frentes. Nessa situação, para a compreensão da metodologia por trás do argumento, há uma ramificação do IRAC, mantendo-se, no entanto, o mesmo racional até aqui delineado. As principais ramificações são: "sequência única de IRAC" (IRRRAAAC); "IRAC alternativo" (IRARARAC); "IRAC por parágrafo" (IRA-IRA-IRA-C); e a "sentença IRAC"[65]. Todas essas sequências possuem prós e contras e, novamente, caberá ao advogado, no caso concreto, entender qual a melhor estratégia para seu argumento[66][67]. No exemplo acima, a estrutura argumentativa se tornou ainda mais híbrida: IRAAAARRAAC. Os argumentos poderiam ter sido organizados de tantas outras maneiras quanto a criatividade humana permite[68].

2.3.   A elaboração dos argumentos

O que se percebe é que a metodologia por trás do IRAC foi desenvolvida para facilitar a relação entre o Direito e os fatos. Tal relação é tanto complexa por conta dos desafios científicos do Direito, quanto por conta da riqueza documental e de informações das disputas. Uma metodologia que facilite a construção do argumento, preocupada em entregar respostas concretas e claras para os aplicadores de Direito, mostra-se fundamental no contexto de arbitragens ou outras disputas complexas.

Consequência da utilização de uma metodologia como essa é que o desenvolvimento das teses jurídicas caminha de mãos dadas com o aprofundamento do conhecimento dos fatos do caso: quanto mais se sabe sobre o caso, melhor se pode utilizar as teses; sendo o oposto também verdadeiro: quanto mais se conhece do Direito aplicável, melhor se consegue utilizar os detalhes do caso.

É uma relação simbiótica, que se retroalimenta. É ilusório pensar que primeiro bem se identifica as regras aplicáveis para depois aprofundar-se nos documentos do caso; ou o contrário. A efetividade dos trabalhos do advogado parece pressupor uma visão geral e sistêmica do Direito – o que recomenda o constante estudo e atualização do profissional –, para que, ao deparar-se com um caso concreto, pesquisas possam ser dirigidas enquanto realiza-se o aprofundamento na documentação do feito.

2.4.   Auxílio na organização de instruções probatórias complexas

A aplicação de uma abordagem metodológica à aplicação do Direito também auxilia na organização de provas de um caso complexo. Na prática, como se passa a ver, mostra-se uma ferramenta essencial.

Duas experiências profissionais merecem o relato. A primeira foi no contexto de uma prova pericial de engenharia cuja finalidade era medir as distâncias percorridas por caminhões para a retirada de grande quantidade e entulho de determinada empreitada. O desafio residia no fato de que existiam diversos agentes envolvidos, de modo que a pesagem dos caminhões era distribuída em mais de uma posição, as quais, por razões operacionais das mais complexas, variaram durante todo o tempo da obra. Assim, as balanças eram muitas e tinham sua posição alterada a todo momento, impossibilitando a medição da distância entre as balanças e os locais de carga e descarga.

O desafio foi identificado no contexto da elaboração dos quesitos, quando a outra parte pediu reuniões para uma complexa explicação de todo o projeto e a localização estimada de cada balança – algo que, se servisse de premissa ao trabalho, resultaria em uma prova pericial que levaria anos, com custos exorbitantes.

Recolhidos no escritório, ao submeter o contexto da prova ao IRAC, os advogados se deram conta que a questão "início" e "final" do transporte é uma questão de Direito e não de prova: o contrato de transporte inicia-se com o carregamento e encerra-se com entrega (art. 750 CC). A pesagem, ao contrário do que todos pensavam, é apenas uma etapa intermediária, de medição; e não o início do cômputo das distâncias. Se a quantidade de detritos não estava em dúvida, a localização das balanças era indiferente à solução do caso, bastando a identificação dos locais de obra e sua distância para o local de despejo. Fixada a premissa de Direito correta, o trabalho foi integralmente realizado em duas semanas.

O outro exemplo foi uma produção de prova pericial antecipada no contexto da construção de uma usina hidroelétrica. Um subempreiteiro, obstinado em demonstrar aquilo que entendia uma injustiça, deu início à produção de duas provas concomitantes: uma de engenharia, para identificar supostos erros de projeto, outra contábil, para quantificar os prejuízos que sofreu. A situação era tanto surpreendente quanto desafiadora, pois o cliente e os advogados não sabiam a intenção e para onde se dirigia a prova pretendida pelo subempreiteiro.

Notada a situação de caos e de ausência de direção, foi o IRAC que trouxe paz aos presentes. O primeiro passo foi, seguindo a cartilha da responsabilidade civil, identificar o agente responsável pelos tais erros de projeto; no caso, uma questão de interpretação contratual, posto que os projetos eram realizados por um consorciado e passavam por uma série de aprovações, inclusive junto ao cliente. O segundo passo foi, seguindo a cartilha da quantificação de danos, identificar o nexo de causalidade entre os supostos erros de projeto e o os prejuízos alegados pelo subempreiteiro.

A despeito da total instabilidade inicial, percebeu-se que os danos que o subempreiteiro tanto alardeava não possuíam relação direta com a obra e com o cliente, algo que demandou muito método e organização para ser explicado em duas perícias simultâneas - com mais de cinquenta mil páginas[69].

Elaboração de quesitos e perguntas a testemunhas. Outra vantagem na utilização do IRAC é a facilitação da elaboração de quesitos em provas periciais e de linhas de inquirição em provas testemunhais. Veja-se. Tanto as respostas do perito quanto as respostas da testemunha integram o feito na qualidade de fatos. A elaboração de perguntas – ou quesitos –, portanto, deve ser realizada para atender determinado fim específico, o qual pressupõe tanto premissas jurídicas quanto a identificação do "problema" a ser resolvido.

Quantas provas foram tidas como irrelevantes por conta da ausência de compreensão do "problema" ao qual elas se referiam, vagando soltas nos autos sem finalidade clara. Quantas outras provas foram produzidas sem que trouxessem luz ao Direito aplicável ao caso – como no caso em que simulamos no curso de arbitragem comercial, em que uma série de fatos controvertidos é irrelevante para a resolução do feito[70].

Provas periciais complexas. Percebe-se, assim, que é no contexto de instruções probatórias complexas que um método organizado (como o IRAC) mostra-se ainda mais fundamental. Ele serve não apenas para a compreensão do caso, mas para facilitar e organizar a produção das provas, viabilizando a divisão de competências entre os envolvidos (julgador, advogados, perito e assistentes) e trazendo a prova para um fim claro e preciso – ao certo, na opinião de muitos, um dos maiores desafios da arbitragem nacional no momento.

2.5. Tempo, a variável essencial na relação entre o Direito e os fatos

Já são quase vinte anos desde a declaração de constitucionalidade da Larb[71]. Tantas conversas informais e tantos projetos para o desenvolvimento da arbitragem a nível nacional. A pergunta de fundo, com frequência, é sobre o que diferencia uma equipe vencedora em uma competição de uma que não passa para as finais; pergunta muitas vezes equivalente à realizada em conversas entre advogados em busca do que diferencia uma banca de destaque das demais.

Mais uma vez, o IRAC parece indicar respostas. Como se percebeu, a relação entre Direito ("critérios jurídicos") e fatos ("aplicação") é tanto complexa – no sentido de existir um sem número de normas, interpretações, fatos, narrativas etc – quanto dinâmica – no sentido de que um novo fato pode viabilizar a aplicação de um novo critério jurídico e vice-versa.

Não se trata, assim, de uma aplicação estanque, em que o "ótimo" será sempre o resultado. Muito pelo contrário, os argumentos elaborados no início de um processo, serão desenvolvidos ao longo de todo o feito. Haverá novas informações, novas abordagens, novas figuras de linguagem: o argumento é vivo e será modificado até que o processo tenha um fim.

As competições de arbitragem servem, novamente, como um ótimo exemplo. O mesmo caso é utilizado nas rodadas escritas – logo no início da competição – e será repetido centenas de vezes desde o primeiro treinamento oral até a última rodada da competição. O caso, frise-se, é sempre rigorosamente o mesmo. O único caminho para a vitória é o desenvolvimento constante dos argumentos, de modo que de manhã argumenta-se "assim" e de tarde "*assim, com mais aquilo ali*". Seja uma figura de linguagem, a identificação de um novo julgado, a releitura de uma doutrina, um movimento de mãos, a reestruturação da abertura, a reorganização da ordem de determinado argumento; o que for. Fato é que, até o último painel, a relação entre Direitos e fatos será alterada e desenvolvida.

De tantas mudanças, o que fica é a metodologia do argumento e da apresentação e a certeza que aqueles que dedicarem mais tempo ao caso, ao estudo do Direito e às técnicas de advocacia serão os que entregarão o melhor argumento.

3.   CRÍTICAS E OUTROS MÉTODOS ARGUMENTATIVOS

A utilização do IRAC sofre determinadas críticas. Há aqueles que entendem que a estrutura do IRAC possui um formato demasiado rígido[72], que tende a acarretar uma simplificação excessiva da real complexidade de análise legal. A maioria dos críticos oferece uma versão alternativa ao IRAC. Sempre acrônimos que, de uma maneira ou de outra, seguem o mesmo racional subjacente ao IRAC.

Cada nova estrutura proposta pretende, de alguma forma, "curar" os defeitos do IRAC e oferecer mais ou menos liberdade, dependendo do formato. Um exemplo de formato alternativo bastante utilizado é o CREAC (*Conclusion, Rule, Explanation, Application, Conclusion*, ou, em português, Conclusão, Regra, Explicação, Aplicação e Conclusão), que, para alguns, oferece mais clareza e congruência.

Outra estrutura comumente citada é a do CRRACC, que significa *Conclusion, Rule, Rule Proof, Application, Counterargument, Conclusion* (Conclusão, Regra, Prova da Regra, Aplicação, Contra-argumento, Conclusão). Os "Rs", neste caso, servem para destacar que não se deve apenas citar a regra que se entende como relevante (primeiro "R"), mas também dizer de onde ela foi extraída (como, constituições, estatutos, regulamentos, leis ordinárias, e decisões) para, em seguida, apoiar esta extração em alguma discussão doutrinária ou explicação organizada sobre a qual a declaração da regra é baseada (segundo "R")[73]. O penúltimo "C" tem o objetivo de realçar a utilização de Contra-argumentos, ou seja, abordagens que sejam relevantes, mas contrárias àquelas trazidas pelo orador, antes que seja declarada a Conclusão[74]. Ao fazer isso, os autores defendem que o argumento ganha ainda mais credibilidade[75].

Por fim, deve ser destacado o acrônimo CRARC, que representa *Conclusion, Rule, Application, Rebuttal/Refutation, Conclu-*

sion (Conclusão, Regra, Aplicação, Refutação, Conclusão). Veja-se que o CRARC também explora a questão da antecipação de um argumento forte utilizado pela parte contrária. Além disso, guia o advogado a iniciar seu argumento com uma persuasiva declaração de conclusão, ao invés da introdução direta do problema. É por esse motivo que, para alguns, os acrônimos mais indicados para argumentos que pretendem um alto grau de persuasão, são aqueles que começam por uma conclusão[76]. Para tais autores, quando o advogado, em primeira mão, reafirma o problema, ele perde a oportunidade de persuadir o ouvinte, permitindo que seja dito, imediatamente, porque ele deve ganhar[77].

Tomando como exemplo esse último acrônimo, vale a leitura do seguinte trecho:

"Os lugares com maior ênfase em um argumento são o começo e o fim, enquanto o lugar com menor ênfase é o meio. Com CRARC, um argumento começa e termina com uma conclusão persuasiva. O melhor lugar para sua Refutação e Refutação, então, está no meio do argumento. Esta seção aborda as falhas em seu argumento e deve ser o menos memorável. Se você seguir CRARC, você colocará a seção Refutação e Refutação no meio do seu argumento, entre o seu pedido e a conclusão final. Desta forma, você mostra ao leitor que você entende a posição do seu oponente, mas você tem boas razões para apoiar sua própria posição. Porque você se concentrará em provar sua conclusão, o uso do CRARC irá ajudá-lo a evitar abordar problemas tangenciais."[78].

O que se percebe do debate sobre o acrônimo correto é todo um esforço em uma construção racional e metodológica do argumento jurídico. Se é verdade que a arbitragem se identifica pelo conjunto de culturas jurídicas que interagem entre si, também é verdade que todo esse esforço metodológico pode ser incorporado à aplicação do Direito pelos advogados brasileiros, garantindo-se, assim, maior previsibilidade e eficiência ao trabalho do jurista.

4.   CONCLUSÃO

Ao certo não há um único método argumentativo, algo ideal que será utilizado de forma linear e geral. Flexibilidade e adaptação são essenciais. O que se pretende compartilhar com este trabalho é a necessidade de compreender-se que o trabalho jurídico pressupõe uma organização própria: metodologia. Que o trabalho em relação ao Direito é um e em relação aos fatos é outro. Que é a interação entre ambos levará a uma conclusão. A forma de apresentação da conclusão, da demonstração da adequação dos critérios jurídicos adotados ou outras tantas variáveis pode mudar, mas a essência é sempre a mesma: racionalidade, o estudo contínuo da área do Direito com a qual se trabalha e a compreensão absoluta do caso em mãos.

.III. ALEGAÇÕES ESCRITAS EM ARBITRAGEM

Bernard Potsch M.[79]

RESUMO: O artigo traça as melhores práticas de preparação, planejamento e execução da escrita jurídica em procedimentos arbitrais, focado primordialmente em aspectos práticos. Primeiro, aborda a importância do estudo pretérito dos fatos e do direito subjacente ao caso para, então, recomendar forma de organização do projeto de escrita. Após, enumera boas práticas de ordenamento, indexação, fraseamento, formatação e uso de recursos visuais e referências para petições em arbitragens, destacando os erros mais cometidos e apresentando sugestões para evitá-los.

ABSTRACT: The paper deals with best practices for preparing, planning and executing legal writing in arbitral proceedings, focusing mainly on practical matters. First, by establishing the importance of studying in advance the facts of the case and the applicable law. Then, by giving a suggestion on organizing the writing project. Afterwards, it goes through good practices relating to ordering, indexing, phrasing, formatting, using visual aids and referencing materials in arbitral submissions, identifying the most common mistakes and giving suggestions to avoid them.

SUMÁRIO: 1. Introdução. 2. Planejamento do projeto de escrita. 3. Ordenamento e indexação. 4. Fraseamento. 5. Formatação e recursos visuais. 6. Uso de referências. 7. Notas de conclusão.

1.   INTRODUÇÃO

> *"A advocacia escrita é um ingrediente essencial do processo arbitral. Apesar de um tanto subestimada em comparação a sua mais ilustre parceira – a advocacia oral –, não é exagero dizer que, sem uma excelente advocacia escrita, as perspectivas de sucesso são severamente diminuídas, talvez de forma desastrosa."*[80]

O propósito do presente artigo é iniciar um diálogo sobre a boa prática da escrita jurídica em arbitragem. Diz-se "iniciar diálogo" pois não tem a pretensão de enumerar as diversas correntes e técnicas existentes sobre os tópicos que abordará. Ao contrário, busca extrair alguns ensinamentos, primordialmente práticos, da literatura existente sobre o tema[81], da experiência do autor em uma centena de arbitragens domésticas e internacionais, e de discussões havidas tanto na preparação de alunos para competições de arbitragem simuladas quanto nas aulas ministradas no Curso Prático de Arbitragem.

Antes de iniciar essa empreitada, duas ressalvas: a primeira é que tudo o que se dirá reflete a opinião do autor sobre as melhores práticas na escrita jurídica em arbitragem. Ou seja, sem descartar a validade de outros métodos e abordagens, esse artigo expõe um ponto de vista.

A segunda é que, apesar de muito do que será dito se aplicar à escrita jurídica em geral, o foco é a escrita jurídica em arbitragem. A apresentação de petições perante juízos estatais ou administrativos certamente guarda particularidades. No entanto, não serão objeto desse artigo.

Dito isso, sigo às minhas observações[82].

2. PLANEJAMENTO DO PROJETO DE ESCRITA

A primeira concepção inadequada que deve ser afastada para se alcançar uma escrita jurídica de qualidade é a de que o trabalho se inicia nos primeiros cliques do teclado. Como se verá, a escrita eficaz exige não só atos pretéritos e posteriores, como, também, uma boa dose de organização e planejamento.

O passo inicial é, então, conhecer a fundo o tema sobre o qual se escreverá. Isso demanda não apenas uma sólida formação jurídica, mas, principalmente, um esforço consciente em obter, e analisar, o maior número possível de informações sobre o caso a ser enfrentado[83].

O ponto parece óbvio, mas a prática revela as dificuldades a ele inerentes. A mais óbvia é certamente a advinda da relação com o cliente. Não raro, o relato dos fatos é distorcido pelo calor da emoção ou pela "certeza" da procedência do pedido. Em outras tantas ocasiões, a rastreabilidade das informações relevantes é prejudicada por estrutura corporativa complexa, por cultura ineficiente de curadoria de dados, ou pelo elevado número de envolvidos, cada qual com ciência de pequena parcela dos fatos.

Seja como for, apenas dedicando já de início tempo suficiente ao estudo do caso descobrirá o advogado seus pontos fortes, fraquezas e eventuais inconsistências.

A par disso, por vezes, as urgências do dia-a-dia de um escritório de advocacia criam dificuldades ao enfrentamento adequado dessa fase preparatória. Apenas quando o fatídico prazo se aproxima o advogado responsável pela escrita efetivamente se debruça sobre os fatos e o direito da disputa. E somente quando já é tarde demais os desafios se revelam. O resultado? Uma peça jurídica que ora apresenta os fatos de maneira distorcida ou incompleta, ora enfrenta inadequadamente o direito subjacente[84].

Em síntese: apenas conhecendo adequada e antecipadamente seu caso poderá o advogado atingir a máxima eficácia em sua escrita jurídica. E apenas enfrentando de frente os desafios inerentes a tanto alcançará esse objetivo.

Mas o processo preparatório não termina aqui.

A próxima etapa é a definição clara e precisa dos objetivos que se almeja alcançar tanto com o processo em sua inteireza como com cada peça jurídica individual.

Não é raro deparar-se com peças jurídicas que, apesar da boa prosa, não servem àquilo que se propuseram, seja, *e.g.*, por argumentar sem definição clara do ponto a que se quer chegar, por perder-se em minucias ou picuinhas de pouca relevância, ou por ignorar aquilo que os fatos efetivamente são capazes de suportar.

A melhor ferramenta para prevenir esse tipo de escrita é ter cristalino – desde cedo, e sempre – aquilo que se pretende, evitando tudo mais que for inútil ou dispensável. Afinal, seja o que for que se queira atingir, "[a] *maior arma do advogado é a clareza, e sua mó, a concisão*"[85].

Finalmente, municiado de apropriada compreensão dos fatos e do direito, e sabendo os resultados que se almeja, pode se iniciar o adequado planejamento do projeto de escrita.

Nesse ponto, saliento que há diversas formas de o fazê-lo, não pretendendo o autor esgotá-las nessa oportunidade. Contudo, após experimentar diversas fórmulas e modelos, entendo que o método que guarda maior efetividade é aquele proposto por Bryan A. Garner[86].

Em síntese, o método preconiza a divisão do projeto de escrita em 4 fases subsequentes: a criativa, a de estruturação, a de escrita, e a de revisão.

Iniciando-se pela fase criativa, esta demanda do escritor unicamente revirar seu conhecimento prévio sobre o caso e buscar em sua mente toda e qualquer ideia capaz de conduzi-lo a seus objetivos.

É o momento de *brainstorming*, de pensamentos prévios e descompromissados com as amarras da estruturação ou da escrita. Sendo assim, a maior armadilha dessa primeira fase é justamente se prender a ditas amarras, que, muitas vezes, sufocam ideias úteis antes que possam se desenvolver adequadamente.

Essa é a razão pela qual se recomenda anotar as ideias de maneira concisa e livre, preferencialmente em arquivos ou folhas limpas, sem pretensão de agrupá-las ou ordená-las.

Apenas, então, progride-se para a fase seguinte, de estruturação. Munido das ideias esparsas, o escritor passa a orientá-las ao atingimento de cada objetivo traçado.

Algumas ideias poderão revelar-se inúteis ou desconexas nesse momento. Não há problema. Deve-se, contudo, continuar a evitar o corte de ideias tão somente pelo vislumbre de dificuldades de colocá-las em palavras.

Na estruturação dessas ideias, a adoção de um formato de índice é possível, mas nem sempre o mais adequado. Em especial quando se buscam objetivos numerosos ou complexos, a estruturação em índice pode tolher bons argumentos, eis que força a mente a já adiantar o que será escrito em cada capítulo.

Sendo esse o caso, alternativa muitas vezes eficaz é a adoção de estruturas não lineares. A título de exemplo, pode-se focar em cada objetivo a ser alcançado e, a partir daí, dividir as ideias. Nesse caso, uma estrutura de "cata-vento" pode ser interessante ponto de partida, ficando ao centro o objetivo e nos braços as divisões e subdivisões, conforme ilustração de Bryan A. Garner:

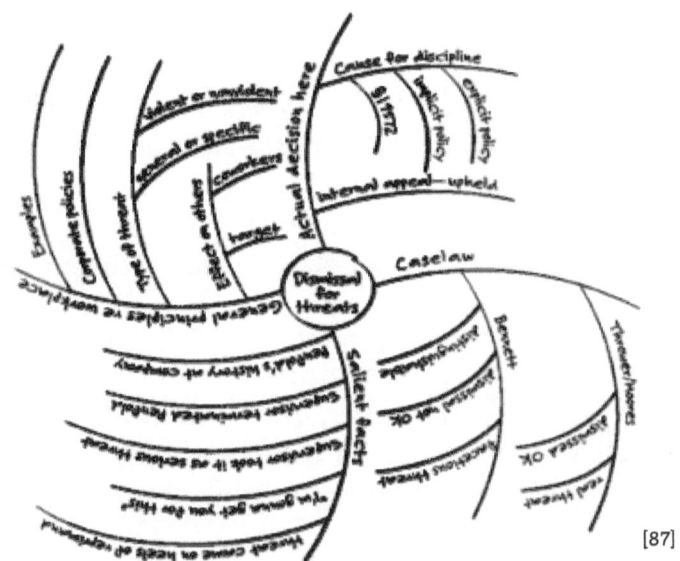

[87]

Concluída a estruturação inicial das ideias, prossegue-se para a terceira fase do projeto: a de efetiva escrita. Nessa fase, os títulos são melhor delineados, as ideias são manifestadas em palavras, e começa a se materializar a peça jurídica.

Importante alerta: esse não é o momento de se esmiuçar em cada detalhe, ou de adotar tom excessivamente crítico ao conteúdo produzido. Um dos maiores causadores do chamado "bloqueio de escritor" é justamente a intrusão da revisão na etapa de escrita. Sem conseguir, de início, manifestar a ideia de forma elegante, o escritor simplesmente não a manifesta, interrompendo a escrita ou, no mínimo, forçando a exclusão de argumentos que poderiam se mostrar interessantes.

O fim desejado nessa fase é obter um primeiro esboço de todos os argumentos e ideias pensados, descartando tão somente aqueles que se mostrem evidentemente incoerentes ou inoportunos.

Somente ao atingir a próxima fase – de revisão – o olhar do escritor deve tornar-se mais criterioso, de modo a extirpar os argumentos repetitivos ou desnecessários, aprimorar a redação dos demais, e evitar incongruências e erros diversos.

Destaco que, idealmente, a revisão não deve ser realizada imediatamente após concluído o esboço, e nem em uma única oportunidade. Muitas vezes a memória dos minutos despendidos na redação vicia a mente a não querer cortar ou alterar o esboço. Mais que isso, o apego às palavras recém-digitadas tende a dificultar a isenção necessária a uma revisão eficaz.

Por isso, recomenda-se sempre deixar o esboço repousar por algumas horas – se possível, dias –, de modo a permitir a entrada na fase de revisão com o foco adequado. Ou, melhor ainda, obter o auxílio de terceiro – desde que apto a tanto – para realizar a primeira revisão.

Se o produto final deve ser apresentado em via física, sugere-se, ainda, evitar que todas as revisões sejam realizadas apenas no meio digital. Fato é que focamos em detalhes diferentes e notamos problemas distintos quando lemos o mesmo documento no computador ou no papel. Uma leitura final em via física muitas vezes permite a correção de erros que não seriam vistos de outra forma.

Dito tudo isso, o leitor deve estar se indagando como – em sua rotina atribulada – arranjará tempo para encaixar tantas tarefas distintas. Mas a realidade é que, seguidas as fases de forma adequada, costuma resultar uma otimização das atividades e um produto final melhor *vis-à-vis* o tempo despendido. Afinal, a segmentação pretende justamente prevenir que a sobreposição de diferentes formas de pensar resulte em um bloqueio criativo e de escrita, permitindo que mais tempo seja gasto no aprimoramento do texto.

Por óbvio, a adoção do método depende de certo planejamento. É risível acreditar que, em algumas poucas horas, passar-se-á por todas as fases de forma construtiva. Contudo, mesmo em projetos de escrita mais simples, sua implementação é possível.

Sugere-se, para tanto, verificar – já de início – as horas que poderão ser dedicadas ao projeto até o momento de entrega ou cumprimento do prazo. Preferencialmente pensando no pior cenário. Munido dessa informação, designa-se aproximadamente 10% para a fase criativa, 10% para a de estruturação, 45% para a escrita e, finalmente, 25% para a revisão.

Obviamente variações são previsíveis e aceitáveis; o mais importante é evitar que as fases se sobreponham umas às outras, pelas razões já antes expostas.

Traçado esse breve panorama sobre como um projeto de escrita pode ser planejado e estruturado, passo nos próximos tópicos a abordar diferentes questões relacionadas à escrita em arbitragem, usando, quando cabível, exemplos ilustrativos.

As questões abordadas serão: o ordenamento e a indexação da peça; o fraseamento do texto; a formatação e o uso de recursos visuais; e o uso de referências, especialmente em arbitragens.

3.   ORDENAMENTO E INDEXAÇÃO

O primeiro ponto que gostaria de abordar são as adequadas ordenação e indexação das manifestações escritas. Iniciando-se pelo ordenamento, divido meus comentários entre ordenação de fatos e ordenação de argumentos.

Quanto aos fatos, no geral, recomenda-se seguir ordenação cronológica. Isso pois estamos habituados a assim prosseguir com nossas vidas e nossas leituras, apreendendo com maior facilidade uma sequência de eventos quando são deste modo apresentados[88].

A sugestão parece óbvia, mas, muitas vezes, a importância de um ou alguns fatos tenta o escritor a deixá-los em maior destaque, logo ao início, mesmo que diversos outros eventos relevantes o tenham antecedido. O resultado usual é dificultar a leitura para seu destinatário, tornando-a mais desagradável. Não custa lembrar que, em nosso exercício, tal destinatário é justamente o árbitro, a quem se está expondo argumentos para compreensão e decisão. Tornar essa tarefa mais difícil é não só desnecessário como contraprodutivo.

Outra questão relevante é o momento em que os fatos devem ser apresentados. A recomendação é que, ao menos uma vez, preferencialmente na primeira peça após a assinatura do Termo de Arbitragem, faça-se uma exposição dos fatos em capítulo específico, sem adentrar em argumentos jurídicos. O objetivo é ambientar o árbitro à história da disputa, de modo a que possa compreender mais facilmente de onde se erige a controvérsia.

Posteriormente, ao longo dos capítulos e petições, os fatos relevantes para cada ponto podem – e devem – ser rememorados e melhor detalhados, inserindo-os no contexto jurídico. Sempre, contudo, evitando-se a enfadonha repetição.

Voltemos, agora, nossa atenção à ordenação dos argumentos. Nesse tópico, reconhece-se que há maiores divergências quanto à forma adequada de fazê-lo, não pretendendo o autor debruçar-se sobre cada uma, ou lançar dúvida sobre as demais. Nada obstante, via de regra, entendo mais produtivo iniciar por aqueles argumentos nos quais os fatos mais favorecem seu cliente.

A razão é que, ao longo da leitura, a irrazoabilidade de

um argumento pode lançar maiores dúvidas sobre a justiça daqueles que vem na sequência. Mas o oposto também pode ocorrer. Iniciando-se por aqueles que detêm maior força argumentativa, parece-me possível colher benefícios e evitar maiores riscos.

Enxergo, contudo, uma exceção: havendo relação de prejudicialidade entre um e outro argumento, deve a prejudicial vir primeiro. Afinal, ao julgar, dificilmente o árbitro se debruçará sobre um argumento antes de se convencer que precisa efetivamente ser analisado. Como resultado, superar uma prejudicial auxilia o leitor a entender a significância do ponto seguinte, o que, no reverso, poderia ser prejudicado.

Feitas essas ponderações sobre ordenação, passo a algumas considerações sobre indexação, especialmente relevante em petições de maior extensão, e nas quais múltiplos argumentos ou pedidos são abordados.

A primeira noção a se absorver é que a função precípua da indexação em peças jurídicas arbitrais é possibilitar ao árbitro "dividir a batalha" quando da tomada de decisão. Ou seja, permitir que a deliberação se organize por cada prejudicial que deva ser vencida, ou por cada pedido que deva ser considerado.

Nesse sentido, a indexação efetiva é aquela que divide os argumentos de acordo com o pedido – ou prejudicial – a que se relacionam, e os subdivide segundo os núcleos decisórios mínimos que o árbitro precisará atingir.

Um exemplo ilustra melhor a situação: imagine que a Requerida Serraria Castor Ltda. busque declaração de que a Requerente Construtora Engenharix S.A. indevidamente resiliu unilateralmente o contrato, devendo, por consequência, pagar indenização nos termos da cláusula 9.2 do instrumento sob litígio[89].

Tendo em vista que a cláusula 9.1 do mesmo contrato autoriza a rescisão apenas em determinadas situações, antes de definir se indenização é cabível, o árbitro deverá decidir se alguma de ditas situações se fez presente. Nesse cenário, o ponto poderia ser assim indexado:

III.   RESSARCIMENTO DOS PREJUÍZOS ADVINDOS DA RE-
SILIÇÃO UNILATERAL
3.1.   Não ocorrência das hipóteses que autorizam a rescisão unilateral do Contrato (Cláusula 9.1)
3.2.   Prejuízos indenizáveis (Cláusula 9.2)

Como se vê, a estrutura adotada permite ao árbitro identificar cada ponto controvertido, para endereçá-los na posterior sentença.

Aproveitando esse exemplo, uma última sugestão: o índice deve – sempre – possibilitar conhecer o tema que será nele tratado[90]. Isso implica não só resumir em poucas palavras a proposição maior que visa alcançar, mas, principalmente, evitar um excesso de teatralidade.

Afinal, não será de muito auxílio à organização do processo decisório intitular o mesmo tópico acima como "*O devaneio da Requerente*" ou o subtópico 3.1 como "*O pot-pourri de contradições da Requerente*"[91].

Ressalte-se: não se está a preconizar o completo abandono de elementos figurativos ou teatrais. Com moderação, estes imprimem a assinatura do escritor ao texto, e até tornam a leitura mais leve. Contudo, não devem – por excesso – se opor ao objetivo final, que é a clareza textual. No exemplo, bastaria, então, caso se quisesse, combinar as duas formas: "*3.1. O pot-pourri de contradições da Requerente: não ocorrência das hipóteses que autorizam a rescisão unilateral (Cláusula 9.1)*".

4. FRASEAMENTO

A forma de frasear argumentos, e de dividi-los em parágrafos, certamente contribui imensamente para uma prosa jurídica efetiva. Obviamente, cada escritor terá seu estilo próprio, e não se recomenda que se dispa deste. Contudo, ao evitar alguns vícios mais comuns, os resultados atingidos podem ser otimizados, favorecendo a leitura e o convencimento do árbitro.

O primeiro destes vícios é certamente o excesso de palavras e a desmedida repetição. E as causas para sua ocorrência são diversas, podendo ser listadas como exemplo (i) o receio de uma informação não ser lida pelo julgador se não trazida inúmeras vezes; (ii) o medo de o cliente não valorizar uma petição de pouquíssimas páginas, mesmo que completa e bem escrita; (iii) a falta de tempo para desviar de modelos prontos e de efetivamente revisar a escrita; e (iv) a facilidade computacional de copiar e colar os mesmos parágrafos em vários momentos, ou em peças subsequentes.

Nada obstante, no mais das vezes, e especialmente em arbitragens, o efeito pretendido é justamente o inverso. Isso porque é muito mais usual um ponto relevante perder destaque em um mar de repetição. Em especial quando o número de páginas é tanto que exige múltiplos dias para leitura[92], favorecendo a dispersão do leitor.

Como já dizia há mais de meio século o juiz estadunidense Herbert Funk Goodrich, "[q]*uanto mais claro o ponto, e quanto mais distintamente se destaca, mais facilmente o juiz o entende e, pode-se esperar, ao entendê-lo, compreenda sua significância*"[93].

Destarte, recomenda-se, primeiramente, reservar tempo adequado à revisão do texto[94] e substituir o "ctrl+c ctrl+v" pelo uso adequado de referências[95]. Em segundo momento, sugere-se controlar o ímpeto de verborragia, cortando quaisquer parágrafos ou palavras desnecessários na fase de revisão[96].

Nessa empreitada, a parcimônia no uso de adjetivos é especialmente produtiva, em particular quando estes serviriam, tão somente, à ofensa e ao incremento da litigiosidade entre as partes. Não só por reduzir o risco de perda do foco[97] como, ainda, por evitar a aparência de irrazoabilidade do argumento, que comumente acompanha os adjetivos mais "ácidos"[98].

Também em muito auxilia o uso esporádico da língua latina e do juridiquês. Deve-se sempre recordar que o objetivo da petição em arbitragem não é doutrinar ou demonstrar cultura, mas, sim, convencer o árbitro. E apesar de o uso adequado de termos técnicos ter seu lugar nessa tarefa, o excesso torna a leitura desnecessariamente pesada e maçante.

Passando a outro vício de peças jurídicas, não é incomum observar o uso de frases excessivamente longas, que, por vezes, prejudicam a compreensão. Nesses casos, a quebra em frases menores costuma tornar o argumento mais legível e contundente[99].

Um breve exemplo é capaz de demonstrar o antes dito. Abaixo, seguem dois parágrafos que poderiam constar de petição. Vejam a considerável diferença na facilidade de leitura entre um e outro:

> No ponto, causa espécie e perplexidade a desfaçatez com a qual a Requerente mente e altera a verdade dos fatos, seguindo com sua velha ladainha e com sua estratégia suja de dizer que a Requerida optou por não entregar a mercadoria, esquecendo – por lhe convir – que o cumprimento do Contrato ficou impossibilitado pelo incremento excessivo do custo da energia elétrica, na surpreendente monta de 51% em apenas um mês, fazendo incidir o brocado latino *rebus sic stantibus*, e liberando a Requerida *ipso facto* de suas obrigações

contratuais de entrega da mercadoria na ausência de acordo das Partes.

O abrupto aumento do preço da energia elétrica também afetou a execução contratual. No intervalo de apenas um mês (novembro a dezembro de 2014), os custos aumentaram em 51%. Tamanho incremento resulta na impossibilidade de realização das entregas sem o prévio reequilíbrio econômico-financeiro do Contrato.

Outros vícios que igualmente dificultam a compreensão de peças jurídicas relacionam-se ao uso excessivo de sentenças em ordem indireta e de abreviaturas.

Quanto à ordem indireta, ressalvo que não se preconiza sua extinção das peças jurídicas. Existem diversas situações em que se apresenta como a forma mais adequada. Exemplo clássico é a frase com sujeito oculto. Ou na qual o predicado é mais important-ante que o sujeito.

Nada obstante, é fato que, por vezes, impulsionados talvez por um ímpeto de "incremento" da elegância do texto, opta-se pela ordem indireta quando não é necessária. Os efeitos usuais são a maior dificuldade de compreensão e a perda de con-tundência da frase, ambos indesejados na jornada para o convencimento do árbitro.

Assim sendo, aconselha-se que, ao se deparar com frase na ordem indireta na revisão do texto, o escritor se indague se é ef-etivamente necessária, ou se poderia ser substituída pela ordem direta sem maior prejuízo. O resultado deste exercício será o in-cremento – ao menos aparente – da força dos argumentos.

Quanto ao uso de abreviaturas, também não se descarta a utilidade que podem ter em peças jurídicas. Imagine se, a cada menção do contrato, precisássemos dizer, por exemplo, "Contrato para fornecimento de madeira serrada e outras avenças que entre si celebram Construtora Engenharix S/A e Serraria Castor Ltda.", ao invés de, apenas, "Contrato"[100]?

Entretanto, as abreviaturas devem ser reservadas para termos que apareçam com considerável frequência, e que não levantem maiores dúvidas no leitor quanto ao seu significado. Se há apenas um contrato sendo discutido, utilizar a abreviatura "Contrato" bastará.

Por outro lado, caso a peça jurídica referencie uma série de órgãos governamentais, mas apenas uma ou duas vezes cada, a adoção de abreviaturas como MMA[101], MinC[102] e MP[103] torna a petição uma "sopa de letrinhas", forçando o leitor a constantemente interromper seu progresso para checar a lista de abreviaturas.

Em suma, as abreviaturas devem ser utilizadas de forma que o leitor precise utilizar o mínimo possível qualquer tipo de lista de significados.

Vício menos comum – mas ainda preocupante – é a quebra do paralelismo na listagem de pontos diversos em uma mesma frase. É importante ter claro que cada item complementa o texto que o antecedeu, sendo prejudicial à leitura e à concordância modificar a fórmula textual entre um e outro.

Segue exemplo de como esses cuidados podem facilitar a leitura e a compreensão:

De início, importante destacar que três fatores são reconhecidos como influentes no preço de madeira serrada: (i) frete; (ii) as despesas com mão-de-obra; e (iii) ter se modificado a tarifa da energia elétrica. Os custos da mercadoria são diretamente impactados por esses fatores. A assertiva é confirmada pela Orient. 6.423/2013/MMA, e pela Port. 7.583/2011/SEDRS.

De início, importante destacar que o preço de madeira serrada depende, primordialmente, de três fatores: (i) o valor do frete; (ii) as despesas com mão-de-obra; e (iii) a tarifa de energia elétrica. A variação desses fatores impacta diretamente no custo da mercadoria. A Orientação nº 6.423/2013, do Ministério do Meio Ambiente, e a Portaria nº 7.583/2011, da Secretaria de Extrativismo e Desenvolvimento Rural Sustentável, confirmam a assertiva[104].

Um último ponto a destacar é que o momento de quebra do parágrafo também auxilia a compreensão do argumento. Em regra, o leitor espera que cada parágrafo traduza uma ideia completa, que pode ser complementada por aqueles que o seguem ou antecedem.

Assim, recomenda-se evitar a introdução de argumentos diferentes em um mesmo parágrafo. Ou seja, sugere-se dividi-los por conteúdo. Tratando-se de argumentos ou ideias complementares, mas distintos, trazê-los nos parágrafos adjacentes costuma ser mais proveitoso do que acumulá-los em um só, conforme exemplo abaixo:

A Orientação nº 6.423/2013, do Ministério do Meio Ambiente, e a Portaria nº 7.583/2011, da Secretaria de Extrativismo e Desenvolvimento Rural Sustentável, confirmam a assertiva. Ambas declaram ser prática na indústria madeireira sujeitar o preço contratual à variação dos insumos. Nesse sentido, conforme Cláusula 4.3, as Partes pactuaram que o preço do Contrato "não leva em conta variação no valor dos insumos para a produção". Em outros termos, variando o preço dos insumos, o preço do Contrato também variaria.

A Orientação nº 6.423/2013, do Ministério do Meio Ambiente, e a Portaria nº 7.583/2011, da Secretaria de Extrativismo e Desenvolvimento Rural Sustentável, confirmam a assertiva. Ambas declaram ser prática na indústria madeireira sujeitar o preço contratual à variação dos insumos.

Nesse sentido, conforme Cláusula 4.3, as Partes pactuaram que o preço do Contrato "não leva em conta variação no valor dos insumos para a produção". Em outros termos, variando o preço dos insumos, o preço do Contrato também variaria.

5.   FORMATAÇÃO E RECURSOS VISUAIS

Se o fraseamento inadequado pode tornar uma leitura desagradável, a formatação errada pode elevá-la a verdadeira tortura. De modo a ilustrar o ponto, peço que tentem ler o argumento abaixo[105]:

Notem como uma fonte excessivamente rebuscada, e em tamanho impróprio, torna quase impossível a leitura sem o uso de uma lupa e de muita paciência.

Vejam como o quase inexistente espaçamento entre linhas e parágrafos facilita a confusão do olhar, forçando múltiplas releituras do mesmo ponto.

Pensem, ainda, nos efeitos de uma margem tão estreita na possibilidade de o árbitro tomar anotações, sejam físicas ou digitais. Ou nas dificuldades que surgiriam para grampear ou encadernar essas folhas.

Por último, verifiquem como o título quase se confunde com o restante do texto, possuindo pouco destaque e impacto.

Extrai-se daí que a formatação pode tanto auxiliar como prejudicar a leitura de uma peça e, via de consequência, o convencimento do destinatário.

Nessa toada, recomenda-se utilizar fontes menos rebuscadas[106], com tamanho não inferior a 12[107], guardando espaçamento de, ao menos, 1,5 entre linhas e de 12 a 16 pt entre parágrafos. Quanto às margens, evitar reduzir qualquer delas para menos de 2,5 cm é boa medida. Já os títulos podem ser destacados com o uso de letras maiúsculas ou em versalete, e com o negrito e o sublinhado.

Obviamente, não é essa a única fórmula adequada de formatação. Mas bem exemplifica como a legibilidade de um texto pode ser incrementada com poucos cliques do mouse. Vejamos, então, como fica o mesmo texto, adotadas essas técnicas[108]:

4.3. INADEQUAÇÃO DA MADEIRA ANGELIM: PROPOSTA INADMISSÍVEL

16. A Engenharix sempre se manteve aberta ao diálogo. Contudo, a única solução proposta pela Castor era a entrega de madeira da espécie Angelim, ao invés das espécies contratadas: Cedro e Jatobá. Isso era de todo inaceitável.

17. Importante destacar as diferenças entre as espécies de madeira. A madeira de Cedro apresenta cerne bege rosado, com superfície lustrosa, e textura média a grossa. A de Jatobá possui cerne variando do castanho-amarelado ao castanho-avermelhado, com superfície pouco lustrosa, e textura média.

18. Ao revés, a madeira de Angelim exibe cerne castanho-avermelhado claro ou escuro, com manchas castanhas mais escuras devido à exudação de óleo-resina, brilho ausente, textura grossa e aspecto fibroso.

19. Vê-se, portanto, que a espécie Angelim é imprestável para substituir Cedro e Jatobá.

O exemplo também serve para ilustrar um segundo ponto. Apesar de a descrição dos tipos de madeiras dar uma ideia ao leitor médio das diferenças entre elas existentes, apenas verdadeiro especialista conseguirá visualizá-las mentalmente.

Nesse tipo de situação, o uso de recursos visuais certamente será proveitoso ao convencimento do árbitro, como ilustrado abaixo:

4.3.   INADEQUAÇÃO DA MADEIRA ANGELIM: PROPOSTA INADMISSÍVEL

16.   A Engenharix sempre se manteve aberta ao diálogo. Contudo, a única solução proposta pela Castor era a entrega de madeira da espécie Angelim, ao invés das espécies contratadas: Cedro e Jatobá. Isso era de todo inaceitável.

17.   Como bem ilustram as imagens, as espécies não são sequer similares:

Cedro   Jatobá

Angelim

18.   Vê-se, portanto, que a espécie Angelim é imprestável para substituir Cedro e Jatobá.

Dois alertas. Primeiro: o recurso visual não deve ser usado em excesso, mas apenas quando útil e necessário à melhor visualização de determinado fato. O abuso dessa ferramenta costuma quebrar o ritmo do texto e "poluir" a peça, retirando destaque de outros pontos que possam ser igualmente importantes.

Nesse sentido, recomendo seu uso quando, na fase de revisão, algo se revele excessivamente difícil de explicar em palavras, mas possa ser facilmente ilustrado por algumas poucas imagens.

Segundo: o recurso visual deve representar adequadamente a realidade. O risco de distorções é particularmente presente no uso de gráficos, e o resultado é a perda da confiança do leitor tanto nos dados ali representados como naquilo que os segue.

6.   USO DE REFERÊNCIAS

O último capítulo desse artigo se dedicará à forma adequada de referenciar os autos da arbitragem – incluindo petições anteriores, ordens processuais e documentos – e o material doutrinário e jurisprudencial de suporte.

Começando pelas referências aos autos, imperioso destacar algumas diferenças entre aqueles de arbitragem e os judiciais. Enquanto no Brasil os autos judiciais são numerados sequencialmente e, atualmente, estão disponíveis *online*, o mesmo não ocorre – via de regra[109] – em arbitragens.

Ao contrário, em arbitragens *ad hoc*, dificilmente são mantidos autos numerados. Mais raro ainda serem mantidos digitalmente com acesso compartilhado de partes, advogados e árbitros. Mesmo em arbitragens institucionais, não são todas as câmaras que mantém cópia integral e numerada dos autos. E aquelas que o fazem também não costumam disponibilizá-los *online* ou permitir "carga".

O resultado é que a referência a peças processuais anteriores deve ser feita com o máximo de exatidão, destacando nome da petição, nome da parte que a apresentou, data, número de página, e número de parágrafo, sempre que possível.

Como exemplo, parágrafo das alegações iniciais da Requerente poderia ser assim referenciado: "Alegações Iniciais da Requerente, de 01.11.2019, p.7, item 17". Já o depoimento de uma testemunha em audiência poderia ser referenciado dessa forma: "Transcrição Revisada da Audiência de 04.12.2019, versão PDF limpa, linhas 9378-9489". E uma ordem processual, assim: "Ordem Processual nº 3, de 23.11.2019, p.2, item 5".

Em suma: quanto mais precisa a referência, menor a possibilidade de o árbitro não a encontrar e, consequentemente, não entender o ponto trazido pelo escritor.

Especificamente quanto às peças jurídicas, no mais das vezes, uma boa referência é preferível à repetição do texto nela contido. Isso pois, além de possibilitar que o foco se mantenha nos argumentos ainda não lançados, otimiza o procedimento, ao facilitar o processo decisório dos árbitros.

Explica-se: ao longo do procedimento, o árbitro lerá cada peça juntada e, além de muitas vezes anotá-la, terá em mente seu conteúdo. Ao atingir o momento de elaborar a sentença, o árbitro usualmente revisitará as peças de todas as partes, além dos memoriais finais[110].

Destarte, a repetição textual não só menospreza o trabalho anterior de leitura e anotação do árbitro, como infla desnecessariamente o material de leitura, prejudicando o destaque dos fatos e dos argumentos mais importantes.

Ao reverso, o adequado uso de referências produz petição mais concisa e focada nos objetivos almejados. Vejamos exemplo do que poderiam ser alegações finais, fazendo bom uso dessa ferramenta:

3.4. INADMISSIBILIDADE DA SUBSTITUIÇÃO DAS ESPÉCIES DE MADEIRA

19. No curso da instrução probatória, a Engenharix demonstrou que:

- A Castor não cumpriu os termos contratuais, alegando não mais possuir madeira das espécies Cedro e Jatobá[1];

- A única alternativa admitida pela Castor era a substituição por madeira da espécie Angelim, sem redução do preço[2]; e

- A madeira da espécie Angelim não se assemelha e não substitui aquelas das espécies Cedro e Jatobá[3].

20. Para maiores detalhes, ver Alegações Iniciais da Requerente, de 01.11.2016, pp. 7 a 8, itens 16 a 22; folhas 40 a 43 da Apresentação em Audiência das Testemunhas Técnicas da Requerente; e linhas 9378 a 9489 da Transcrição Revisada da Audiência de 03.12.2016.

> Conclui-se, portanto, ser inadmissível a substituição das espécies de madeira Cedro e Jatobá por Angelim, justificando-se a rescisão contratual operada pela Requerente.

---

[1] Docs. A-2 e A-3.
[2] Doc. A-3.
[3] Laudo Pericial, p.17, itens 51 a 57.

Passando às referências a documentos, a mesma dificuldade de ausência de autos digitais e numerados persiste. Destarte, a possibilidade de referenciá-los adequadamente depende de as próprias partes organizá-los de maneira precisa e ordenada.

O mais comum é que, logo ao início do procedimento, partes e árbitros acordem a juntada de documentos com numeração sequencial e diferenciada para cada parte. Por exemplo, após a assinatura do Termo de Arbitragem, a Requerente passaria a numerar sequencialmente seus documentos como "A01", "A02", etc., enquanto a Requerida como "R01", "R02", etc., facilitando referência futura.

Nessa toada, importante destacar que isso nada adianta sem o cuidado das partes de não colocar sob a mesma referência uma infinidade desorganizada de documentos. Se todos os 15 documentos juntados pela Requerente estiverem sob o número

A01, o propósito está inteiramente derrotado. Cada número deve representar um único documento ou, no limite, um grupo de documentos relacionados e internamente organizados.

Outra facilidade cada vez mais empregada em arbitragens é a adoção de listagens constantes e consolidadas dos documentos juntados por cada parte, com referência àquilo que cada um traz. O objetivo é facilitar a posterior busca por documentos específicos necessários ao desenvolvimento dos argumentos pelas partes ou à tomada de decisão pelos árbitros. Segue exemplo de lista, para melhor ilustrar:

LISTA DE ANEXOS
REQUERENTE

ALEGAÇÕES INICIAIS

Doc. A-1 – E-mail "Atraso", enviado pelo Sr. Carlos Castor, da Castor, **ao Sr. Marcos Magnus,** da Engenharix, em 01.01.2015

Doc. A-2 – E-mail "Atraso", enviado pelo Sr. Marcos Magnus, da Engenharix, ao Sr. Carlos Castor, da Castor, em 03.01.2015

Doc. A-3 – E-mail "Proposta", enviado pelo Sr. Carlos Castor, da Castor, **ao Sr. Marcos Magnus,** da Engenharix, em 03.01.2015

Doc. A-4 – Notícia "Crise da Energia: como ela afeta o seu emprego?", publicada pelo Diário do Mato Grosso do Sul, em 20.01.2015

RÉPLICA

Doc. A-5 – Carta solicitando normalização do fornecimento das madeiras, enviada pela Engenharix à Castor, em 20.02.2015

Doc. A-6 – Carta em resposta ao Doc. A-5, enviada pela Castor à Engenharix, em 23.02.2015

Ainda falando de documentos, duas recomendações adicionais.

A primeira é que, assim como ocorre com as petições, a referência deve ser a mais precisa possível. Sendo documento com numeração de páginas e de parágrafos, não há razão para omiti-las ao indicar de onde se retirou a informação citada.

Mesmo quando não é o caso, é interessante pontuar onde consta o dado da forma possível. Tratando-se de troca de *e-*

mails, a sinalização da data e da hora de um *e-mail* em particular já muito ajuda. Do mesmo modo a indicação das linhas e colunas de uma planilha. Enfim, quanto mais precisa a referência, menor a chance de não ser encontrada e compreendida.

A segunda recomendação é facilitar ao leitor conhecer o conteúdo relevante do documento sempre que possível. Isso pode ser feito de diversas maneiras. Uma delas é realçar no próprio documento tais trechos. Outra é transcrevê-los na peça. Ou até inserir no texto imagem do próprio documento. Vejamos um exemplo:

23.   Os termos propostos eram inadmissíveis. A Engenharix já anteriormente ilustrou a imprestabilidade da entrega de madeira Angelim no lugar de Cedro e Jatobá[1]. O Laudo Pericial e os demais documentos juntados vieram a confirmar tal assertiva.

24.   Evidência maior do fato é a resposta do Sr. Marcos Magnus, Diretor Executivo da Engenharix[2], cujo teor a Castor nunca negou:

> De: Marcos Magnus <marcos@engenharix.com.br>
> Data: 06/03/2015
> Assunto: RES: Proposta
> Para: Carlos Castor < carlos@castor.com.br >
>
> Senhor Carlos,
>
> Me assusta a sua proposta, pois, é fato, mais do que notório, que a madeira Angelim **não se** compara com a qualidade da Cedro e Jatobá. Mesmo que o senhor me propusesse uma **grande** diminuição no valor mensal pago por essa qualidade de madeira eu não poderia aceitar, **pois** meu empreendimento é de alta-qualidade, feito para clientes de nível muito exigente **(que** inclusive estão preocupados com o atraso no cronograma da obra), o que impossibilita a utilização da madeira Angelim.

25.   A negativa da Castor em cumprir o Contrato justificou, portanto, a rescisão contratual.

---

[1] Alegações Iniciais da Requerente, de 01.11.2016, p.7, item 17.
[2] Doc. A-12, p.100, grifos nossos.

Por óbvio, a parcimônia também deve imperar na utilização desses recursos. Caso contrário, ao realçar mais do que o efetivamente necessário, geram-se peças e documentos "poluídos", diminuindo o destaque daquilo que realmente importa.

Finalmente, alguns breves apontamentos sobre a referência a material doutrinário e jurisprudencial.

Primeiramente, assim como se pontuou quanto a petições e documentos, a referência precisa da obra ou do julgado citado possibilita ao julgador buscá-la em sua inteireza, conhecendo seus detalhes. Não por outra razão é prática em arbitragens internacionais[111] a juntada de cópia dessas referências legais.

Diga-se que, se o árbitro julgou necessário buscar a referência, muito provavelmente entende necessário compreender o contexto em que se encaixa a afirmação para validar ou descartar sua força argumentativa no caso em questão. Como resultado, a referência imprecisa costuma fadar o argumento de autoridade ao fracasso.

No mais, deve-se limitar a transcrição ao estritamente necessário e, mais ainda, destacar o que há de mais importante ao caso em questão. Outras referências podem complementar a primeira, sendo lançadas – com ou sem transcrição – em nota de rodapé. Um último exemplo:

> 23.   Esse é o entendimento do Superior Tribunal de Justiça, exemplificado no voto do Ministro Luis Felipe Salomão:
>
> > *"Ocorre que para a aplicação da teoria da imprevisão – a qual, de regra, possui o condão de extinguir ou reformular o contrato por onerosidade excessiva – é imprescindível a existência, ainda que implícita, da cláusula rebus sic stantibus, que permite a inexecução de contrato comutativo – de trato sucessivo ou de execução diferida – se as bases fáticas sobre as quais se ergueu a avença alterarem-se, posteriormente, em razão de acontecimentos extraordinários, desconexos com os riscos ínsitos à prestação subjacente."[1]*

---

[1] Superior Tribunal de Justiça, Recurso Especial n° 860.227/GO, Quarta Turma, Relator Ministro Luis Felipe Salomão, julgado em 03.08.2010, por unanimidade, p.6, grifos nossos. Ver, também, Superior Tribunal de Justiça. Recurso Especial n° 945.166/GO, Quarta Turma, Relator Ministro Luis Felipe Salomão, julgado em 12.03.2012, por unanimidade ("*A resolução contratual pela onerosidade excessiva reclama superveniência de evento extraordinário, impossível às partes antever, não sendo suficiente alterações que se inserem nos riscos ordinários*", g.n.).

7. NOTAS DE CONCLUSÃO

Ao fim do presente artigo, importante rememorar o alerta lançado ao início: seu propósito é iniciar um diálogo sobre a boa prática da escrita jurídica em arbitragem, em especial diante dos esparsos estudos pátrios sobre o tema. Certamente muitas outras recomendações poderiam ser destacadas nessas páginas, e outras tantas das lançadas contrapostas por diferentes técnicas.

Nada obstante, ao destacar a importância e a forma de preparação e de planejamento do projeto de escrita, bem como abordar boas práticas traçadas pela literatura e vislumbradas na prática para ordenamento e indexação de argumentos, fraseamento, formatação e uso de recursos visuais e de referências, permite-se ao leitor revisitar seus próprios hábitos de organização e escrita, aproveitando aqueles pontos que entenda avançarem seu poder de convencimento e – por que não? – discutir os demais que julgue impróprios.

Nesse espírito, finalizo o presente artigo convidando o leitor ao debate, seja buscando-me para observações, comentários e críticas – sempre bem-vindas – ou, melhor ainda, contribuindo para o desenvolvimento da boa argumentação escrita no país através de outros relatos práticos ou estudos acadêmicos.

.IV. ALEGAÇÕES ORAIS

UMA IMPORTANTE FERRAMENTA DE PERSUASÃO

José Victor Palazzi Zakia[112]
Pedro Felipe Gomes da Silva[113]

RESUMO: Este artigo tem como objetivo trazer um pouco da experiência prática de como funcionam as alegações orais em arbitragens. Por serem um instrumento de persuasão muito eficaz, é importante que os advogados que atuam na área da arbitragem entendam como funcionam as alegações orais, o que pode e deve ser trazido durante as apresentações e como devem interagir todos os agentes que participam de uma audiência para alegações orais.

ABSTRACT: This article intends to offer a practical overview of how oral presentations work in arbitration. Given that oral presentations are an effective persuasion tool, it is important that attorneys that perform in the field of arbitration understand how the oral presentation works, what can and should be brought up during the presentations and how to interact with all of the players of oral hearing.

estratégia; 2.1. O público das alegações orais: o tribunal arbitral; 2.2. A ordem das apresentações; 2.3. O cliente e as suas
expectativas; 2.4. O adversário: a parte contrária e seu advogado; 3. Como se preparar para apresentação de alegações orais;
3.1. O que estudar para apresentação das alegações orais; 3.2
Alegações orais e as peças escritas: ferramentas diferentes; 4.
Apresentação das alegações orais; 4.1. Limites dados pelo tribunal arbitral; 4.2. Formalidades da audiência para alegações
orais; 4.3. A interação com os demais; 4.4. Preparação dos materiais; 5. Considerações finais.

1.   O QUE SÃO ALEGAÇÕES ORAIS

Normalmente durante uma audiência de instrução arbitral,
a pedido das partes ou de ofício, os árbitros permitem aos advogados fazer uma breve apresentação do caso antes que se in-
iciem os trabalhos. Em outros casos, é também possível que os
árbitros permitam aos advogados fazer alegações finais orais,
depois de já terem encerrado a instrução do processo, ou ainda,
é possível que os árbitros determinem uma audiência só para
apresentação do caso antes mesmo de começar a coleta das
provas, para se familiarizarem melhor com o problema logo no
início do processo.

Independente do momento em que ocorram, devemos
sempre lembrar que as alegações orais dos advogados tem um
propósito de contextualizar, esclarecer e ilustrar o mérito da
disputa. É um outro método de exposição do caso diferente das
petições e manifestações escritas.

Em outras palavras, as alegações orais são uma oportunidade oferecida aos advogados para que reapresentem seus argumentos, bem como para que façam referência aos fatos e às
provas que consideram fundamentais para sustentar sua defesa.
É um momento no qual o advogado vai poder explicar e contextualizar o caso numa apresentação direta aos árbitros.

Normalmente, quando é realizada a audiência para alegações orais, já foram apresentadas as alegações escritas das partes, bem como todos os pedidos. Assim, na audiência para alegações orais a demanda já está estabilizada (todos já conhecem os limites objetivos e subjetivos da discussão – quem são as partes, quais os pedidos, quais as causas de pedir etc) e, mais importante, as questões controvertidas já estão suficientemente esclarecidas e maduras – provavelmente a maior parte dos argumentos já foi apresentada e respondida pelas partes. Desta forma, durante as alegações orais, os advogados normalmente pressupõem que os árbitros tenham conhecimento de suas pretensões bem como de suas teses e argumentos e, mais importante, das provas até então juntadas aos autos.

Por conta disso, as alegações orais são uma oportunidade para que os advogados realcem os elementos que consideram mais importantes dentre tudo aquilo que foi apresentado ao longo da fase postulatória com as manifestações escritas e também esclareçam dúvidas do tribunal arbitral.

Por isso, as alegações orais não devem ser usadas para que o advogado inove na defesa. Pelo contrário, os árbitros esperam dos advogados que observem aquilo que já foi apresentado por ambos os lados e que se atenham às questões definidas ao longo de suas manifestações.

Ainda que essa apresentação do caso aconteça, normalmente, na audiência de instrução (quando os árbitros coletarão ainda mais provas) não podemos confundir as alegações orais com os outros atos que normalmente acontecem durante uma audiência de instrução, como, por exemplo, a tomada de depoimento das partes ou de seus representantes e a oitiva das testemunhas. A tomada de depoimento e as oitivas tem um caráter probatório, acrescendo elementos ao conjunto de provas apresentados. Já as alegações orais são uma oportunidade de apresentação do caso.

Ou seja, trata-se de um momento no qual o advogado poderá usar diversos recursos para realçar os pontos fundamentais de suas teses, as fraquezas dos argumentos da parte contrária e esclarecer dúvidas do tribunal arbitral.

1.1. A utilização das alegações orais: quando fazer

As alegações orais são apenas mais uma ferramenta garantida aos advogados e como tal, são mais um elemento estratégico. Portanto, as alegações orais não devem ser consideradas como um passo obrigatório no andamento regular de um procedimento arbitral. Pelo contrário, tanto advogados quanto árbitros devem analisar o processo para verificar a pertinência das alegações orais em audiência para então decidir se devem pedir, conceder ou determinar que seja realizada.

Para os árbitros, determinar ou permitir apresentações orais é uma tarefa mais confortável. Via de regra, os árbitros permitem que haja uma exposição do caso se ao menos uma parte solicita e, mesmo que nenhuma parte expressamente solicite, é comum que os árbitros deem aos advogados essa oportunidade de apresentar o caso oralmente, sem que isso seja uma determinação ou obrigação. Trata-se de oportunidade que os árbitros normalmente garantem aos advogados e que, não podemos negar, também auxilia os árbitros na melhor compreensão do caso.

Para os advogados, por sua vez, existem diversas questões que podem impactar na tomada da decisão se devem ou não requerer essa oportunidade. É preciso sempre pensar nos custos de transação. Esse conceito econômico é de grande relevância se quisermos entender quando um advogado deve solicitar que lhe seja dada a possibilidade de apresentação oral dos seus argumentos e teses.

Devemos lembrar que as alegações orais em audiência

podem trazer inúmeros benefícios para o desenvolvimento da causa, ao mesmo tempo em que são diversos os custos envolvidos. Se por um lado os advogados ganham mais uma oportunidade para expor o caso aos árbitros, respondendo ao que foi trazido até então pela parte contrária, destacando os pontos que lhes favorecem e ressaltando as falhas da contraparte, por outro, é inegável que a preparação para apresentação de suas alegações orais envolve diversos custos e *trade-offs*.

O advogado deve se dedicar para que a sua exposição seja convincente, precisa e objetiva, portanto, são necessárias várias horas de preparação para elaboração do roteiro do discurso, para elaboração das apresentações (como no caso de *powerpoints*) e, principalmente, para organizar e definir quais os temas relevantes que deverão ser tratados, inclusive alinhando as apresentações com os próprios clientes. São vários os custos associados a essas preparações, tanto financeiros como custos de oportunidade.

Como exemplo, a depender do regime de contratação dos honorários, as horas gastas com a preparação e a elaboração da apresentação poderão ser debitadas do cliente. Também é comum que sejam contratados serviços especializados para a elaboração das apresentações em *powerpoint* ou outra ferramenta parecida, o que além do custo da contratação desses profissionais, também demanda do advogado que esteja apto a explicar e auxiliar o terceiro contratado. Mais ainda, o tempo gasto com a preparação das alegações orais implica que os advogados terão menos tempo para coletar provas, para ouvir testemunhas, para organizar as perguntas que serão formuladas em audiência, entre outros, ou seja, terão menos tempo para se preparar para os outros atos da audiência e também para preparar e trabalhar em outros casos.

Em nossa própria experiência enquanto advogado atuante na área da arbitragem, em diversas vezes pudemos perceber o quão custosa é a preparação para a elaboração das alegações orais. Em um caso específico, durante o período de um mês que antecedeu à audiência, foram feitas várias visitas à sede do cliente para discutir e simular a apresentação do caso. Foram gastas várias horas na preparação das alegações orais, não só para estabelecer um discurso coerente mas para também para a preparação de um material de apoio visual adequado.

Os advogados devem considerar todos esses os custos e o tempo que terão com a elaboração de suas exposições, entendendo se realmente terão algum benefício com a apresentação do caso. São as especificidades do caso que determinam a relevância e a pertinência da realização das alegações orais.

Por óbvio, casos de grande complexidade, que envolvam diversas questões fáticas complexas e um extenso rol de provas documentais normalmente requerem que os advogados realcem e enalteçam as questões que consideram importantes. Já casos jurídicos, que envolvam interpretação de cláusulas contratuais ou da lei, normalmente não requerem que os advogados dediquem tempo e recursos para apresentações que provavelmente serão supérfluas.

Um exemplo bastante comum se dá no âmbito das grandes causas complexas de engenharia. É comum que os advogados solicitem aos árbitros que seja dada oportunidade para exposição do caso logo após a apresentação das alegações escritas, mas antes da fase da especificação de provas. Essa decisão pode ser muito acertada quando as questões fáticas sejam muito complexas, as petições sejam muito extensas e envolvam muitas questões controvertidas e as provas sejam muito numerosas. A possibilidade de melhor explicar o caso para os árbitros provavelmente auxiliará tanto os árbitros, quanto os próprios advogados, nos próximos passos do procedimento, inclusive na fase de especificação de provas. Mais ainda, os árbitros ficarão mais familiarizados com os pontos controvertidos e estarão mais preparados para analisar as provas que ainda serão produzidas, inclusive a oitiva de testemunhas na futura audiência de instrução. Essa apresentação prévia também pode ser muito relevante para convencer o tribunal arbitral da necessidade da realização de uma perícia técnica e para auxiliar os advogados na elaboração de seus quesitos, por exemplo. Novamente, falando de nossa experiência, mencionamos um caso complexo de engenharia onde foram realizadas, nada mais nada menos que três audiências para exposição do caso em momentos distintos do procedimento.

Por outro lado, é comum que os advogados e os árbitros dispensem apresentação de alegações orais na primeira fase de procedimentos bifurcados onde se discutem apenas questões jurisdicionais e procedimentais. Justamente por se tratar de questão legal, onde se discute a aplicação de uma norma, sem muita discussão sobre o fato em si, a exposição oral do caso é normalmente dispensável. Nesses casos as petições normalmente esgotam o tema e são suficientes para que o caso seja perfeitamente compreendido pelos árbitros.

Por essas razões as alegações orais devem ser bem analisadas pelos advogados não só para determinar "se" solicitarão essa oportunidade, mas também o "quanto" deverão se dedicar para sua preparação e elaboração.

2.   DEFINIÇÃO DO OBJETIVO E DA ESTRATÉGIA

A definição do objetivo e da estratégia que serão adotados nas alegações orais depende de um elemento fundamental: os sujeitos da audiência.

Vamos lembrar que as apresentações orais têm como objetivo reforçar o caso já apresentado nas petições escritas. Mas muitas particularidades subjetivas podem interferir na efetividade da apresentação pelo advogado. Não basta ter um discurso que se sustenta no mérito, se fosse isso, as petições sozinhas já seriam suficientes. O mérito, como vimos, é definido e determinado ao longo das petições escritas. As alegações orais, por serem um mecanismo de esclarecimento e reforço do que foi apresentado até então precisam ir além do mérito da causa. As alegações orais precisam ser baseadas no mérito do argumento e ainda serem efetivas em termos de comunicabilidade.

Por isso existe a necessidade do advogado de se atentar aos sujeitos, aos *players,* do processo arbitral.

2.1.O público das alegações orais: o tribunal arbitral

A primeira pergunta que deve ser respondida para entendermos como tornar mais efetiva as alegações orais é: quem é seu o público? Já adiantamos, são os árbitros.

Ainda que os ânimos dos advogados se exaltem ao longo de qualquer processo litigioso, o advogado deve sempre lembrar que seu objetivo é convencer o tribunal arbitral. O objetivo das alegações orais não é nada mais nada menos do que explicar aos árbitros a sua tese e seus argumentos de forma convincente e objetiva.

Independentemente dos argumentos, das provocações ou mesmo dos erros da parte contrária, o advogado deve sempre lembrar que seu propósito é demonstrar a razoabilidade de sua defesa para os árbitros. E para ninguém mais.

Não é o descrédito na parte contrária que torna uma apresentação efetiva, muito menos a agressividade. A efetividade da apresentação está muito mais relacionada à sua capacidade de responder as preocupações dos árbitros – o que envolve, por óbvio, o exercício prévio de identificá-las.

Como dito anteriormente, os árbitros normalmente permitem e garantem a possibilidade dos advogados realizarem apresentações orais, porque uma exposição detalhada do caso muitas vezes esclarece questões que aos olhos do árbitro são pertinentes para a resolução da disputa, mas não ficaram tão claras ao longo das manifestações escritas. O fato de permitirem que sejam "melhor convencidos" é o que faz as alegações orais tão importantes enquanto ferramenta do advogado.

O advogado que melhor sabe usar essa ferramenta é aquele que busca satisfazer as questões e preocupações do tribunal arbitral. Por estas razões, devemos nos perguntar: quem são meus árbitros? Como conduziram o procedimento? Quais suas experiências passadas e *backgrounds*? Considerando essas respostas, quais serão possivelmente as preocupações e pontos que eles querem que sejam esclarecidos? Saber responder essas perguntas auxilia os advogados a entender como serem mais efetivos nas apresentações.

Os árbitros normalmente são *players* do mercado tanto quanto os advogados. Não é incomum que um advogado em uma arbitragem seja árbitro em outra. Também é inegável, ainda mais na realidade brasileira, que muitos árbitros sejam referências doutrinárias e acadêmicas nas mais diversas áreas. Dessa forma a livre autonomia na escolha e composição do tribunal arbitral também facilita ao advogado entender e compreender as particularidades de cada árbitro.

Essa capacidade de se colocar no lugar dos árbitros permite ao advogado traçar uma estratégia de argumentação e apresentação mais eficiente. Por exemplo, um árbitro que seja um expert em *law & economics* provavelmente apreciará uma apresentação que trate da racionalidade econômica do contrato. Um árbitro engenheiro, poderá compreender melhor imagens, plantas e maquetes que ilustrem a situação de determinada obra. Um árbitro poderá ficar impressionado positivamente com efeitos de uma apresentação em mídia, enquanto a mesma apresentação pode acabar confundindo outro profissional.

Em outro caso de nossa experiência, envolvendo uma disputa entre partes de países diferentes, focamos boa parte de nossa apresentação oral na explicação de determinados pontos da legislação aplicável e da forma com a qual o direito brasileiro entendia aquela questão, pois um dos árbitros era estrangeiro e, pressupusemos, não tinha o mesmo conhecimento do ordenamento jurídico brasileiro que os outros membros do painel.

Outro caso de nossa experiência envolveu uma disputa diante de uma confederação continental – com uma reputação notória de decisões benéficas a clubes de determinado país, sendo um dos membros do tribunal arbitral pertencente a país de outro continente, ou seja, não conhecia tal reputação. Grande parte da audiência foi dedicada à apresentação de casos pretéritos que justamente construíram aquela reputação. Por coincidência, o árbitro de outro continente foi apontado pela própria confederação continental.

Também tratando de outro caso concreto, mencionamos uma audiência na qual as partes discutiam a responsabilidade por problemas na execução de uma obra de engenharia complexa. Durante a exposição do caso, uma das partes trouxe diversas fotos do estado de determinada estrutura. Um dos árbitros no painel era engenheiro e pôde discutir e entender, no detalhe, as informações que estavam sendo trazidas por aquele advogado.

Enfim, o advogado que busca conhecer os árbitros e que pesquisa sobre suas atividades poderá elaborar uma apresentação que seja mais efetiva.

Mas, tudo isso não é suficiente. O advogado precisa também identificar como o árbitro tem atuado no caso concreto.

A efetividade da apresentação pode ser maior se os advogados extraírem quais são as reais preocupações dos árbitros pelo seu comportamento ao longo do procedimento.

Para auxiliar os advogados nessa tarefa, alguns tribunais proferem ordens processuais que delimitam os pontos controvertidos e as questões que entendem serem mais relevantes. Nesses casos, os árbitros deixam muito claro quais são suas preocupações e aquilo que pretendem que os advogados esclareçam e expliquem nas alegações orais. O papel do advogado é mais fácil nessas circunstâncias. Já participamos de diversos procedimentos nos quais os árbitros determinaram em ordem processual qual era o tema que gostariam que as partes tratassem nas exposições orais, por exemplo, em um caso de M&A os árbitros foram expressos e solicitaram que os advogados tratassem nas exposições orais especificamente sobre três conceitos contratualmente definidos.

Por outro lado, é bem verdade que não são todos os tribunais arbitrais que determinam expressamente suas preocupações. Mas, mesmo os que não fazem desta forma, também demonstram de outras maneiras quais os pontos que chamaram a atenção e merecem maior atenção. Por exemplo, o não deferimento para produção de uma prova pode indicar que o tribunal arbitral já está satisfeito com as provas produzidas para aquela determinada questão e uma apresentação focada nesse ponto pode ser supérflua.

Não só isso, mas durante a própria exposição pelo advogado é possível que os árbitros demonstrem suas preocupações, o que pode auxiliar o advogado no manejo do tempo restante. Muitos árbitros, ao longo das apresentações orais, fazem perguntas sobre temas específicos do caso, o que provavelmente indica os pontos que, aos olhos daquele árbitro, podem ser importantes e, portanto, deveriam ser abordados pelo advogado.

O advogado deve estar ciente daquilo que aconteceu ao longo do procedimento, conscientizando-se daquilo que indica uma preocupação dos árbitros que deve ser esclarecida.

Outra situação que pode auxiliar os advogados na preparação de uma apresentação mais efetiva é conhecer as experiências passadas do árbitro. Como já falamos, faz parte da realidade da arbitragem que os mesmos *players* se encontrem repetidas vezes em diversos processos.

Os advogados podem tirar vantagem desse conhecimento prévio, caso já tenha tido contato com os árbitros em outros casos. Assim como ocorre no judiciário, aqueles advogados com bastante experiência conhecem as tendências, ideologias, posicionamentos e preferências que os julgadores habituais têm. Dessa forma, se o advogado já atuou em uma arbitragem onde o árbitro se mostrou refratário a determinado tipo de apresentação ou exposição, ou a apresentação não se mostrou efetiva, deverá mudar o estilo da apresentação para este novo caso.

Recorrendo mais uma vez à nossa experiência, de maneira bastante simples trazemos uma ocasião na qual faríamos a exposição oral para um painel arbitral composto por três árbitros, sendo que o árbitro presidente havia sido árbitro em outro caso no qual havíamos atuado. Na primeira arbitragem, o árbitro foi bastante rigoroso com o tempo das apresentações dos advogados e, por conta disso, na preparação de nossas alegações orais para esse segundo caso, fomos bastante precisos com nosso cronômetro para ficar dentro do tempo previsto.

É necessário entender quem são os árbitros e quais seus interesses e preocupações com relação ao caso concreto para tornar a apresentação a mais efetiva possível. A relevância da sustentação oral está na intersecção entre aquilo que o advogado pretende falar e aquilo que o árbitro tem interesse em ouvir.

2.2. A ordem das apresentações

A ordem das apresentações afeta o planejamento e

a dinâmica do trabalho dos advogados. Normalmente, as alegações orais são apresentadas primeiro pelos advogados dos requerentes, pois são estes que pedem, e em segundo lugar pelos advogados das requeridas, pois são estas que defendem, mas essa ordem pode se alterar, a depender do o objeto das apresentações. Por exemplo, caso a parte requerida esteja formulando um pedido de tutela de urgência e os árbitros designem audiência para exposição dos argumentos, provavelmente será a parte requerida que começará a exposição pois, nesta situação específica, é ela quem pede.

Independentemente de ser requerente ou requerida, o fato é que a ordem das apresentações cria vantagens e desvantagens para ambas as partes.

O advogado que se prepara para fazer a primeira apresentação é quem abrirá os trabalhos daquela sessão. Por esta razão, é que dizemos que é esse o advogado que define o tom da audiência e cria o primeiro cenário, ou melhor, a primeira impressão sobre o caso. Mesmo que os árbitros já tenham lido os autos e estejam familiarizados com o caso, o advogado que começa tem a oportunidade de estabelecer o contexto do litígio de maneira mais favorável aos seus interesses.

Por outro lado, o advogado que inicia as apresentações enfrenta uma grande dificuldade: adiantar possíveis falhas e fraquezas de sua tese, além de defesas e argumentos da parte contrária. Uma apresentação sólida deve cobrir as falhas de suas próprias teses de tal forma que a parte requerida não as use para impressionar o tribunal arbitral quando for sua vez.

O advogado da parte que responde, por sua vez, não contará com a vantagem de iniciar a sessão, mas, terá a oportunidade de responder a exposição da parte contrária.

A vantagem para a parte que responde não deixa de ser também um ônus. O fato de poder responder aos argumentos e teses da outra apresentação não é uma tarefa fácil, pois é impossível prever como se organizou o advogado da contraparte. Por esta razão, a apresentação da parte que responde deve ser precisa o suficiente para não deixar de abordar os tópicos principais de sua defesa, ao mesmo tempo em que deve ser flexível a ponto de abordar as questões trazidas na apresentação do outro advogado.

Enquanto se prepara para a exposição, o advogado da parte que responde deve tentar extrair das manifestações escritas da parte contrária tudo aquilo que poderá ser trazido em alegações orais, de tal forma que sua apresentação não seja uma resposta vazia, e compreenda e refute os pontos que invariavelmente serão abordados nas alegações orais da parte contrária.

O desafio da parte que responde é manter um roteiro e uma linearidade na sua apresentação, ao mesmo tempo em que busca responder todos os pontos trazidos e elencados pela parte contrária.

Em qualquer situação, seja quem inicia as apresentações ou quem responde, é bom lembrar que apresentações muito engessadas podem inclusive atrapalhar a performance do advogado, principalmente se nela são abordadas muitas questões acessórias que não serão trazidas pela parte contrária.

Além da ordem das apresentações, devemos lembrar que há um outro momento de complementação das apresentações: as réplicas.

Em muitos casos é comum que os árbitros prevejam a possibilidade de réplicas e tréplicas. Na maioria das vezes, o rito da audiência é estabelecido por meio de ordem processual na qual já consta que, após as apresentações das partes, cada advogado terá direito à réplica. Contudo, mesmo que não haja previsão de réplicas no cronograma da audiência, a depender do juízo de conveniência do tribunal arbitral, é possível que os árbitros garantam aos advogados alguns minutos para apresentar réplicas e tréplicas.

A apresentação de réplicas e tréplicas exige muita flexibilidade e atenção por parte dos advogados. As réplicas e tréplicas são o momento no qual os advogados realmente demonstrarão suas habilidades de preparar um discurso técnico e convincente em um curto espaço de tempo – provavelmente terão que se preparar durante uma pausa que será dada pelos árbitros entre o final das apresentações e o começo das réplicas.

Nas réplicas, os advogados terão a oportunidade de apresentar respostas especificamente ao que foi trazido pela contraparte ao longo das apresentações. Assim, tudo aquilo que tiver saído do *script* da apresentação planejada, poderá ser trazido nesse momento.

Além de ser uma oportunidade para explicar algo que não tenha sido tratado na apresentação inicial, as réplicas poderão ainda ser usadas para esclarecer dúvidas que tenham surgido ao longo das apresentações. Não é incomum que os árbitros especifiquem aquilo que esperam que seja abordado nas réplicas. Muitos árbitros, quando finalizadas as apresentações, expõem as suas dúvidas e os pontos que ainda não foram esclarecidos completamente, de tal forma que os advogados devem abordar tais questões em suas réplicas para que essas sejam efetivas.

2.3.   O cliente e as suas expectativas

É bastante intuitivo que o advogado deve conhecer seu cliente para entender qual a linha de defesa deverá ser traçada para o caso. Tão importante quanto, é conhecer os interesses do cliente para determinar a melhor estratégia para uma apresentação oral.

O cliente não deixa de ser um expectador de suas

alegações orais. Por mais que o propósito da sustentação oral não seja convencer o cliente, a apresentação oral deve levá-lo em conta. Os elementos que trataremos a seguir dizem respeito aos interesses e objetivos pessoais do cliente com o procedimento, o que também pode influenciar na elaboração de uma boa apresentação.

O interesse do cliente com uma disputa pode se dar de várias formas, pode ser desde ganhar o máximo, como perder o mínimo, ou mesmo criar um cenário para acordo. O procedimento, neste caso, nada mais é do que uma ferramenta para que as partes tentem alcançar seus objetivos.

Essas variáveis devem ser levadas em consideração pelo advogado, pois a postura que será adotada ao longo do processo, e também nas alegações orais, deverá ser condizente com esses propósitos.

Partes que buscam impor condições melhores para um possível acordo normalmente apresentam um arsenal completo de armas em suas alegações orais para intimidar, enquanto partes que buscam iniciar tratativas de acordo provavelmente usarão um tom mais ameno e aberto em sua apresentação. Ao contrário, partes cujo relacionamento está desgastado autorizam, e por vezes incentivam, que os advogados adotem uma postura mais combativa e agressiva.

São diversos os interesses que os clientes podem ter com a realização do procedimento arbitral, e as alegações orais ganham grande relevância nesse cenário, pois muito provavelmente os clientes acompanharão o advogado e terão suas expectativas quanto à sua performance.

O que devemos ter em mente é que enquanto para advogados e árbitros, a audiência e as alegações não passam de mais um trabalho, a depender do cliente, aquilo pode representar interesses muito mais profundos do que só uma expectativa quanto a uma sentença arbitral.

Desta forma, não é incomum que clientes venham com ânimos inflados para assistir a audiência e esperem do advogado uma postura equivalente. Para o advogado existe uma tensão que deve ser equilibrada entre a cordialidade e a educação que devem nortear sua apresentação e o ânimo e a energia que demonstram o comprometimento com a causa do cliente.

A postura e os interesses do cliente são relevantes tanto para determinar o conteúdo da apresentação, bem como a postura do advogado ao longo da exposição.

2.4.   O adversário: a parte contrária e seu advogado

O último ponto que devemos tratar quanto aos elementos subjetivos da estratégia a ser adotada diz respeito à parte contrária. Trata-se de um dos mais antigos ensinamentos da guerra: conhecer seu inimigo.
Apesar da expressão exagerada, de fato, prever e antever as estratégias da parte contrária auxilia na elaboração de uma exposição mais efetiva. Mas quando falamos em parte contrária, estamos nos referindo tanto à parte propriamente dita – quem faz parte da relação jurídica processual com o seu cliente –, quanto ao advogado que a representa.

Quanto à parte contrária propriamente dita, é o papel do advogado, com o auxílio do seu cliente, saber aquilo que ela efetivamente busca com o procedimento arbitral. A exemplo podemos citar a parte que busca protelar o procedimento. Esta parte provavelmente tentará levantar incidentes processuais, o que pode ser denunciado e levado à atenção do tribunal arbitral durante a exposição oral. Voltando mais uma vez a casos concretos, em um procedimento que presenciamos, era nítido o interesse da parte em postergar ao máximo a arbitragem, por isso, em uma audiência preliminar dedicamos alguns minutos da nossa apresentação para explicar qual era o verdadeiro interesse da parte, qual era a razão dela estar querendo atrasar o procedimento arbitral daquela maneira.

Além dos interesses da própria parte contrária também é igualmente importante conhecer o perfil da parte contra quem se litiga. Em razão do relacionamento que as partes tinham antes da arbitragem, o cliente tem um conhecimento da postura e do comportamento que a parte contrária pode ter durante a audiência. É muito importante que o advogado consulte seu cliente para entender qual o tipo de litigante que estará do outro lado da sala. Um caso concreto interessante, em um procedimento que participamos, foi fundamental para o êxito mostrar que a conduta da parte contrária questionada no litígio também havia sido adotada em outros casos, diante de outros clubes. Ou seja, estudamos casos anteriores da parte contrária e seu *modus operandi*, com isso ficou muito mais clara a violação do direito de nosso cliente.

Já quanto ao advogado da parte contrária, devemos sempre buscar saber qual sua maneira de atuar. Da mesma forma que os interesses da parte contrária podem influenciar na condução da exposição, a postura do seu advogado pode exigir uma preparação diferente da planejada.

São diversos os perfis de advogados e a forma como atuam em audiências, principalmente na elaboração das alegações orais. Enquanto alguns se utilizam de recursos linguísticos e da retórica, outros buscam uma leitura mais sintética do caso. Alguns fazem uso de apresentações elaboradas, enquanto outros não utilizam quaisquer recursos audiovisuais. Alguns são conhecidos por serem mais assertivos e agressivos, outros mais calmos e polidos. Enquanto uns trazem apresentações com textos extensos, outros o fazem em *bullet-points*. Alguns preferem projetar provas, outros trechos do contrato, e assim por diante.

Novamente, buscar conhecer a parte contrária e seu advogado poderá auxiliar a tornar uma apresentação mais ou menos efetiva.

3.   COMO SE PREPARAR PARA APRE-SENTAÇÃO DE ALEGAÇÕES ORAIS

Definidos o conceito e o propósito das alegações orais, bem como os *players* que devem ser levados em consideração, passamos ao próximo passo: como se preparar para as alegações orais e no que sua preparação difere das peças escritas.

3.1 O que estudar para apresentação

das alegações orais

A oportunidade de apresentar alegações orais em audiência impõe aos advogados um grande ônus. Uma exposição oral só será efetiva se for bem estruturada e preparada.

O advogado deve fazer duas análises distintas. Em primeiro lugar, é preciso conhecer os autos do processo. O advogado precisa estar familiarizado com todos os detalhes da causa, por mais insignificantes que possam parecer. Por isso é necessária uma leitura completa de todas as peças e provas até então apresentadas. Com base nessa leitura, o advogado poderá então passar ao segundo passo, que é fazer um juízo de valor sobre as informações coletadas, determinando se são ou não pertinentes para a apresentação que pretende fazer.

Com base nessa análise reflexiva dos autos, o advogado deve ser capaz de identificar as teses principais, tanto suas quanto da parte contrária para concentrar esforços para ataques e defesas que realmente impactem a conclusão do tribunal arbitral.

Por exemplo, em caso que acompanhamos, uma das partes focou a sua apresentação de alegações finais orais no mérito da discussão. Tratava-se de um caso de engenharia que envolvia diversas questões relativas à responsabilidade pelo descumprimento dos prazos contratuais. As alegações finais orais dessa parte foram inteiramente voltadas a demonstrar as razões pelas quais ela deveria ser indenizada pelos atrasos que, no seu entender, eram de responsabilidade da parte contrária. No entanto, a outra parte com base nos documentos e provas produzidos durante a fase de instrução do processo, antevendo um possível resultado desfavorável, focou suas alegações finais orais na aplicação das cláusulas de limitação de responsabilidade. Ainda que tenha defendido que não havia descumprido o contrato, boa parte da apresentação oral demonstrava como o pedido indenizatório estava limitado pelo próprio contrato. As apresentações foram tão efetivas que alguns dias depois as próprias partes chegaram a um acordo e terminaram o procedimento sem necessidade de decisão dos árbitros.

Em outro caso, por sua vez, uma das partes focou boa parte de sua apresentação na demonstração que determinado evento havia ocorrido, no entanto, a outra parte não tinha questionado a ocorrência do evento em nenhuma de suas manifestações – o foco da defesa da era que o evento ocorrido não se enquadrava nas hipóteses contratuais. Como resultado, o advogado acabou desperdiçando parte preciosa de seu tempo para comprovação de um fato incontroverso, enquanto a outra parte se utilizou das exposições orais para demonstrar as razões pelas quais entendia estar certa, fazendo com que sua apresentação fosse muito mais efetiva.

Da mesma forma, o advogado deve se atentar a todos os pontos negativos de sua tese e de seus argumentos. Uma boa apresentação tenta adiantar possíveis críticas da outra parte, impedindo que ela enumere fraquezas e impressione o tribunal arbitral, como se estivesse denunciando uma mentira. Entender os próprios pontos fracos e adiantá-los de forma que suavize sua relevância acaba enfraquecendo eventuais contra-ataques.

Também é importante que os fatos do caso sejam devidamente apresentados. Por mais que se espere dos árbitros que tenham conhecimento dos fatos, é inegável que os advogados são os verdadeiros conhecedores do caso. Por isso, é relevante que seja alocado tempo, ainda que poucos minutos, para uma exposição básica dos fatos do caso, dando um contexto no qual serão inseridas e apresentadas as teses jurídicas.

Isso é importante, tanto para a requerente como para a requerida, já que os fatos que interessam e auxiliam uma posição não necessariamente auxiliam a outra. Assim, para impedir que apenas a contraparte enumere fatos interessantes, é importante que o advogado sempre faça uma breve introdução e contextualização.

O mesmo se diz com relação às datas determinantes para o caso. É sempre interessante que os advogados estabeleçam *timelines* enumerando os acontecimentos relevantes para o desenvolvimento do caso. Novamente, os árbitros não estão tão familiarizados com os fatos quanto os advogados, portanto uma apresentação que introduza as informações mais relevantes é de grande ajuda para a compreensão da disputa.

Outro elemento que deve ser estudado e abordado pelo advogado em suas alegações orais é o conjunto de provas produzidas para a arbitragem. Neste tópico, é importante que o advogado embase sua apresentação nas provas que apresentou. É fundamental que sejam feitas referências aos documentos já juntados, deixando claro para os árbitros de qual prova se trata. Também é recomendável que sejam feitas citações diretas de provas essenciais, como por exemplo, trechos de e-mails, trechos de notificações, cláusulas contratuais, depoimentos escritos entre outros.

Por fim, apenas para reiterarmos, apontamos que os advogados devem estar bem atentos às preocupações que o tribunal arbitral por ventura tenha externado ao longo do procedimento.

O advogado precisa concentrar esforços para elaborar uma apresentação e um discurso concisos, diretos e compreensíveis. Para isso, o advogado deve realizar um estudo aprofundado e pormenorizado dos autos do processo sob um olhar reflexivo e estratégico que compreenda as variantes que podem influenciar a efetividade de sua apresentação. O advogado deve se atentar a todos os fatos e provas, mas utilizá-los na medida em que sejam mais convenientes para demonstrar seu ponto e esclarecer as dúvidas do tribunal arbitral.

3.2 Alegações orais e as peças escritas:

ferramentas diferentes

Como já adiantamos, as alegações orais servem outro propósito que as manifestações escritas. Não devemos fazer com que as alegações orais reproduzam o mesmo conteúdo das petições, ou então estaremos desperdiçando uma oportunidade.

A primeira grande diferença entre as peças e as alegações orais decorre do momento processual em que ocorrem. Enquanto as peças são apresentadas ao longo da fase postulatória, as alegações orais são normalmente apresentadas na fase instrutória ou ao final da instrução.

Nas peças ocorrerá a definição das estratégias e a apresentação das teses e seus fundamentos bem como os pedidos das partes, ou seja, é nas peças que o advogado introduzirá os fatos e aplicará as normas e regras pertinentes.

Por sua vez, as alegações orais servem para orientar e esclarecer determinados pontos, pois, quando há a exposição oral pelos advogados, espera-se que o caso já esteja desenvolvido e maduro, que as teses já estejam delimitadas e que os fatos já tenham sido apresentados e discutidos. Assim sendo, não há tanto espaço para criatividade e inovações, mas sim para direcionamento daquilo que já foi exposto anteriormente.

Os advogados devem se atentar aos limites estabelecidos pelas petições. Assim, via de regra não devem ser trazidas novas teses e novas alegações, pois uma defesa inconsistente e inconstante não transmite credibilidade. As alegações orais não são um momento para inovação.

Evidentemente que podem ser feitas correções e ressalvas quanto àquilo que foi apresentado nas petições. Também é possível que se dê destaque a fatos antes tidos como desimportantes, e que sejam ignorados outros que antes se considerava relevantes. Poderão ser apontados fatos novos e até mesmo provas novas (a depender da receptividade do tribunal arbitral e da possibilidade de que seja dado o direito ao contraditório à parte contrária), mas de qualquer forma, o núcleo da argumentação não deve variar.

A forma das peças e das alegações orais também é bastante diferente. Nas petições, é esperado que sejam trazidas todas as questões relativas ao caso. Por mais que se dê ênfase aos pleitos principais e às teses mais vantajosas, também são apresentados os argumentos e pleitos alternativos e subsidiários, bem como questões acessórias – em razão do princípio da eventualidade.

Já nas alegações orais, o advogado deve escolher uma ou mais teses que considere mais importante para a defesa de sua causa. Ainda que existam diversas teses e pedidos alternativos ou subsidiários, a apresentação normalmente deverá ser voltada a uma única tese principal. Como exemplo, nas petições, é comum que os advogados dediquem certo espaço para pleitearem aplicação de multas, correção monetária, aplicação de juros, pedidos para reembolso das custas processuais entre outros. Mesmo que tais somas sejam substanciais, não é comum, e normalmente nem recomendável, que as apresentações orais tratem dessas questões pois são questões legais que os árbitros têm plena capacidade de compreender e aplicar sem maiores explicações.

Outra diferença diz respeito às referências das alegações. Nas manifestações escritas, os advogados podem apresentar seus fundamentos legais baseados em doutrina e jurisprudência. Já nas alegações orais há muito mais espaço para a retórica e a construção de imagens. A ideia não é explicar determinada tese jurídica, mas garantir que determinada mensagem seja devidamente passada e apreendida através de uma boa exposição dos fatos do caso. É extremamente maçante uma exposição oral que traga diversos trechos de acórdãos ou excertos de livros para corroborar um determinado entendimento. Da mesma forma, pode ser diversionista e retirar o foco e seriedade da manifestação escrita o excesso de retórica, analogias, imagens e figuras de linguagem.

Evidentemente que não defendemos que nas peças não se utilize a retórica e a linguagem para convencer, ou que nas alegações orais seja deixado de lado toda a técnica jurídica para que o "público" seja entretido. Pelo contrário, em ambas deve haver uma mistura e um equilíbrio entre o emprego dessas técnicas argumentativas, mas é inegável que a incidência de uma ou de outra técnica varia.

4.   APRESENTAÇÃO DAS ALEGAÇÕES ORAIS

Uma vez que já determinamos algumas questões centrais sobre as alegações orais, passamos a definir como devem ser apresentadas.

4.1   Limites dados pelo tribunal arbitral

As alegações orais são uma oportunidade para que o advogado se utilize de sua criatividade, da retórica, da linguagem e mesmo de outros recursos, como apresentações em mídia. Por esta razão que entendemos que não há uma regra ou um modelo de apresentação que seja mais adequado.

Contudo, alguns tribunais podem estabelecer determinados limites à exposição dos advogados. Estes limites deverão ser observados quando o advogado for fazer sua apresentação. Normalmente, quando o tribunal arbitral busca estabelecer limites ou diretrizes, o fazem por meio de ordem processual específica, como por exemplo, determinando a ordem das apresentações, o tempo de apresentação, a possibilidade de utilização de recursos audiovisuais, a possibilidade das partes realizarem réplicas e tréplicas, quais provas poderão ser usadas nas apresentações, até quando poderão ser juntados novos documentos para serem usados nas apresentações, entre tantas outras possibilidades.

Muitas dessas orientações são apenas possibilidades conferidas às partes, enquanto outras são regras que deverão ser efetivamente observadas.

Para garantir que a apresentação seja efetiva e totalmente aproveitada, o advogado deverá observar quaisquer limites impostos pelo tribunal arbitral. Por exemplo, é comum que o tribunal arbitral determine que a apresentação seja alterada, ou que certos *slides* sejam suprimidos e que referências sejam excluídas, caso o advogado faça menção a documentos juntados intempestivamente. Também é comum que os tribunais arbitrais encerrem a apresentação, caso o advogado extrapole significativamente o tempo alocado.

4.2   Formalidades da audiência para alegações orais

Neste ponto apontamos que existe uma grande diferença entre as audiências arbitrais e as audiências de instrução realizadas perante o Poder Judiciário. Por conta do intercâmbio de posições entre advogados e árbitros e, mais ainda, por conta da dinâmica do meio arbitral, é evidente que as audiências arbitrais, ao menos em âmbito nacional, são mais informais e flexíveis do que as audiências judiciais.

Como os advogados e os árbitros acabam sempre se encontrando em eventos acadêmicos, simpósios, mesas redondas, debates, painéis e mais ainda, como se encontram em outros procedimentos, cria-se um relacionamento profissional mais próximo do que aquele entre advogados e juízes. Até porque a indicação do árbitro para atuar como tal depende da rede de relacionamentos que possui dentro do meio arbitral.

Por esta razão, por mais que nas audiências espere-se educação, respeito e deferência, principalmente com os árbitros, o nível de formalidade é muito menor do que aquele esperado com juízes e desembargadores. É comum, portanto, que durante as audiências, os advogados conversem e interajam com os árbitros e entre si durantes os intervalos e, mais ainda, que essas conversas sejam relaxadas e mais informais.

Tal situação pode inclusive gerar atrito com os próprios clientes, que esperam que os advogados estejam totalmente comprometidos com suas causas, e podem inclusive crer que essa postura mais próxima com os árbitros e com os outros advogados denote descaso. Há alguns anos, ouvimos de um admirado advogado atuante no ramo da arbitragem que estava se tornando comum a queixa de clientes quanto ao excesso de informalidade entre os seus próprios advogados e os advogados da parte contrária, o que passava a imagem (equivocada) de que os advogados não estavam tão comprometidos com a causa.

É necessário que os advogados mantenham um equilíbrio entre a descontração permitida pelo meio e a postura comprometida que os clientes esperam ver na audiência. Principalmente no caso de clientes que estejam mais acostumados com o ambiente do judiciário, convém ao advogado explicar e contextualizar a situação antes da realização das audiências, evitando surpresas e alinhando expectativas.

4.3   A interação com os demais

É desnecessário dizer que se espera dos advogados que mantenham o respeito e a educação durante suas apresentações, independentemente dos ânimos que possam vir a se exaltar durante as audiências.

Contudo, por se tratar de um ambiente litigioso, certo grau de animosidade é esperado. A questão que propomos é determinar como e a quem deve ser direcionada essa litigiosidade.

A primeira observação que fazemos é a seguinte: jamais dever haver qualquer forma de atrito entre os advogados e os árbitros. Por mais que algumas vezes os advogados sintam o ímpeto de estabelecer certa combatividade com os árbitros, esse ímpeto deve ser sempre suprimido.

Não podemos esquecer que, ainda que o ambiente seja mais informal, os árbitros estão em uma situação de respeito, investidos de uma autoridade que os advogados não possuem para aquele determinado litígio.

Qualquer situação que pareça desconfortável aos advogados deverá ser apontada aos árbitros com calma e razoabilidade, sem que se estabeleça um clima combativo. Vale lembrar, os árbitros são o público alvo, eles devem ser convencidos, e não combatidos.

Mas por que falamos isso? Pois durante as apresentações orais o tribunal arbitral poderá interagir de várias formas com os advogados, mas essas interações nunca devem ser vistas como algo a ser combatido pelo advogado.

Cada árbitro tem o seu perfil e dentro desse perfil, alguns árbitros participam mais das exposições dos advogados na audiência, outros menos. Alguns árbitros são mais ativos e durante as apresentações dos advogados e poderão fazer interrupções e comentários, ou mesmo perguntas sobre determinados pontos, poderão ainda pedir esclarecimentos ou apresentar algum entendimento ou conclusão, e poderão inclusive orientar o advogado a tomar certa atitude, como pular determinado trecho da apresentação, voltar para um outro *slide* e afins.

Quanto a esses árbitros mais participativos, que interrompem, questionam, e demandam certas providências por parte dos advogados, é necessário que sempre se esteja atento à preocupação que o profissional apresenta. A interrupção pelo árbitro não deve ser vista como algo negativo, pelo contrário, é algo positivo pois marca expressamente qual a preocupação que deve ser endereçada pelo advogado. Assim, o advogado deve tentar extrair qual o propósito daquela interrupção e disso buscar redirecionar sua apresentação para satisfazer o interesse demonstrado.

De outro lado, existem muitos árbitros que não interrompem as alegações orais por uma questão de deferência ao trabalho do advogado e isso não deve impedir que o advogado seja capaz de identificar os pontos de preocupação do tribunal arbitral. Pelo contrário, a presença de um árbitro menos participativo deve ser vista como uma oportunidade dada ao advogado para guiá-lo pelos fatos do caso de uma maneira ainda mais didática.

O fato de um árbitro participar mais ou menos durante a audiência não deve ser interpretado como algo negativo, mas sim como uma questão de perfil e personalidade.

Nas audiências de apresentação de alegações orais, as interrupções dos árbitros são genuínas, pois ou se tratam de perguntas que realmente devem ser esclarecidas, ou se tratam de recomendações que devem ser levadas em consideração. Não é incomum que árbitros apontem para os advogados que tal ponto já ficou claro durante sua exposição, e que, portanto, o advogado pode seguir em frente, tampouco é incomum que façam perguntas sobre algum fato que não ficou claro. De qualquer forma, o advogado deve ter a sensibilidade de sair do *script* para incorporar essa preocupação demonstrada.

A interação com os árbitros deve ser sempre voltada a esclarecer e explicar o caso.

Ainda quando falamos de interação, sem sombra de dúvidas, as interações mais acirradas dentro de uma audiência se dão com os advogados da parte adversa. É comum que os ânimos se exaltem entre os advogados, pois se cria o clima para provocações, insinuações e ataques. Ainda que certo grau de provocação e animosidade seja razoável, e até esperado, devemos sempre lembrar que os advogados da outra parte são colegas de profissão.

Contudo, existem situações nas quais o advogado irá se deparar com interações bastante acirradas com os advogados da parte adversa.

As interrupções pelos advogados da outra parte durante as apresentações orais não são comuns. Normalmente os advogados mais experientes na área da arbitragem respeitam o espaço e o tempo alocado para a apresentação do caso pelo advogado da parte contrária. Mas, é inegável que em determinados momentos o advogado terá que lidar com essas questões, seja porque ele foi interrompido durante a sua apresentação, seja porque ele precisará fazer uma interrupção durante a apresentação do advogado da parte contrária.

Quanto à primeira situação, em alguns casos é possível que os advogados da parte contrária interrompam a apresentação ou ainda que direcionem ataques, até mesmo pessoais. As interrupções pela parte contrária podem ter sido feitas para desconcentrar, tirando a atenção dos árbitros do que vem sendo dito e atrapalhando a própria linha de raciocínio da apresentação e, principalmente, do interlocutor.

Para que não se estabeleçam grandes debates que tumultuem a audiência, é recomendável que o advogado busque amparo do tribunal arbitral. Como advogado, é sempre possível solicitar que o tribunal determine que o advogado da parte contrária não faça mais interrupções e que lhe seja conferido um tempo adicional para compensar o tempo perdido. Além disso, é sempre possível empregar a tática do *name the game*, apontando que as interrupções foram feitas com o único propósito de tumultuar e retirar a atenção de um ponto crucial de sua apresentação.

Quanto à segunda situação, é importante lembrar que o advogado pode fazer interrupções quando entender necessário. Por exemplo, se o advogado da parte contrária estiver fazendo uma exposição do caso com base em documento que não foi juntado aos autos, é recomendável que essa questão seja levantada e apresentada para os árbitros o quanto antes para impedir que o advogado continue fazendo uma apresentação que desrespeita os limites do procedimento.

Neste cenário, o mais adequado é dirigir a palavra ao tribunal arbitral. Ao invés de interromper a apresentação e iniciar uma discussão com o árbitro, o ideal é chamar a atenção dos árbitros para este fato. É óbvio, no entanto, que determinadas situações demandarão do advogado uma reação mais imediata e assertiva. Cada caso é um caso, e o advogado deve estar preparado para reagir da forma mais adequada perante aquele tribunal arbitral naquela situação específica.

Falamos já das interrupções, ou seja, dos comentários e objeções apresentados pelos que normalmente tratam ou do mérito ou da forma da apresentação. Enquanto interrupções são aceitáveis em determinada medida, até pois podem fazer parte da estratégia dos advogados e podem ser necessárias para evitar abusos do advogado da contraparte, o mesmo não se diz dos ataques pessoais.

Quando deparado com uma situação onde ocorrem ataques pessoais, também é sempre recomendável que o advogado busque orientação do tribunal arbitral. Por mais que o ambiente nas arbitragens seja mais informal, os árbitros esperam dos advogados que atuem com educação e polidez, por esta razão, não se deve ceder à tentação de responder e engajar em uma discussão desnecessária.

Audiências nas quais os árbitros são constantemente levados a interromper ataques e debates pessoais que fogem ao mérito da causa desgastam o tribunal arbitral, o que, ao final, prejudica o andamento de toda a audiência. Também é necessário notar que os árbitros podem em alguns casos adotar medidas para mitigar ou impedir esse tipo de problemas, podendo inclusive cancelar a audiência, pedir a retirada de uma ou mais pessoas da sala, entre outras. Por essas razões, é sempre importante que o advogado facilite o trabalho do árbitro ao invés de dificultá-lo. Esse contraste entre uma posição altamente litigiosa e uma posição racional, tende a ser bem vista pelos árbitros.

Em determinada audiência, presenciamos uma discussão acalorada que escalou a tal ponto que as apresentações deixaram de ser apenas sobre o mérito do caso e passaram a ser ataques à capacidade técnica das pessoas que debatiam. Evidentemente que os árbitros interromperam a sessão e ainda determinaram que aquele que fez os ataques mais severos não mais participasse da audiência.

Por fim, temos que tratar da última forma interação: a interação com a parte contrária. O advogado deve sempre ter em mente que não necessariamente deverá dirigir qualquer forma de ataque ao adversário. Por mais que esse seja o verdadeiro "inimigo", devemos lembrar que se trata de pessoa ou empresa com o qual o cliente tem relações. Levando em conta que muitas das disputas não encerram todas as relações negociais das partes, é prudente buscar orientação do cliente quanto à possibilidade de se referir e "atacar" diretamente a parte contrária, já que o relacionamento pode se desgastar e afetar outros negócios que as partes porventura tenham.

A recomendação, portanto, é para que o advogado direcione os ataques às questões controvertidas mais do que à parte contrária. Trata-se da expressão *"hard on the problem, soft on the person"*. O bom ataque, a nosso ver, é aquele que se direciona ao problema, à situação, ou à conduta, e não à parte e seu advogado.

4.4   Preparação dos materiais

O último tópico relativo à condução da apresentação diz respeito à preparação e utilização dos materiais.

Como sabemos, no ambiente da arbitragem é bastante comum que os advogados façam uso dos mais inovadores recursos para auxiliar suas apresentações. É comum a utilização de apresentações de *powerpoint*, a demonstração por meio gráficos e esquemas, a utilização de materiais físicos e objetos ilustrativos (como miniaturas, maquetes, representações em 3D), *flip-charts* entre outros.

Também é comum que o tribunal arbitral determine aos advogados que forneçam um *core bundle* (um bloco impresso dos principais documentos do caso) com todo o material que pretendem utilizar durante a audiência e durante suas apresentações, bem como que os advogados forneçam vias impressas das apresentações em *slides* e dos documentos que citarão.

Todo esse material, quando bem utilizado, evidentemente auxilia na organização das exposições. Mais ainda, quando o material é bem elaborado, muitas vezes será utilizado pelos árbitros como referência quando forem estudar mais profundamente o caso.

O problema é, no entanto, que muitas pessoas não sabem fazer utilização desses recursos. Alguns recorrem às apresentações em *slides*, por exemplo, como verdadeiros roteiros escritos, dos quais não podem desviar, outros fazem com que recursos visuais sejam maçantes e cansativos, cheios de textos e citações totalmente supérfluas e desnecessárias.

Os recursos audiovisuais podem muitas vezes atrapalhar o desenvolvimento da apresentação se utilizados de forma incorreta. Devemos sempre lembrar que se trata de uma ferramenta de auxílio, apenas um recurso para ilustrar mais categoricamente a fala do advogado. Por esta razão, os slides de uma apresentação, o conteúdo de um vídeo explicativo, etc. devem ser tão concisos quanto diretos e não devem retirar a atenção da fala do advogado.

Por isso recomendamos que as apresentações sejam mais ilustrativas do que explicativas, contendo apenas as informações às quais o advogado faz referência, dispensando a utilização de longos textos corridos e citações desnecessárias.

Também é por esta razão que o advogado deve ter consigo todas as ideias de seu discurso prontas e preparadas, independentemente da apresentação e dos recursos que vá utilizar, de forma que não fique dependente de sua apresentação. De forma bastante clara, é a apresentação que deve acompanhar o raciocínio do advogado, e não o advogado que deve acompanhar a ordem da apresentação.

Já quanto aos materiais impressos, principalmente o *core*, o advogado deve sempre buscar reunir somente aqueles documentos e provas realmente indispensáveis para sua apresentação. O propósito do *core bundle* é auxiliar os árbitros no acompanhamento das apresentações e inquirições ao longo da audiência e não ser uma cópia impressa dos autos.

Os advogados não devem apresentar uma versão impressa dos autos, pelo contrário, devem realçar somente aquilo que for realmente indispensável para a defesa de suas teses e aquilo que efetivamente usarão nas apresentações.

Ressaltamos que caso o tribunal arbitral não determine a apresentação de *core bundle* ou de apresentações impressas, ainda é possível que o advogado se adiante e leve o material de auxílio ainda assim. Novamente, esses são recursos que podem auxiliar o tribunal arbitral na compreensão da apresentação e do raciocínio do advogado. A não ser que expressamente proibido, ou que no material constem documentos e provas novos, os tribunais arbitrais tendem a ser permissivos, recebendo o material impresso, inclusive consultando-o ao longo da apresentação.

5.   CONSIDERAÇÕES FINAIS

As alegações orais em audiência devem ser pensadas como mais um elemento estratégico na defesa dos interesses da parte. O advogado não necessariamente deverá sempre solicitar essa oportunidade e, mesmo quando solicitada e conferida, deverá ponderar diversos elementos para definir a estratégia que será adotada em sua apresentação.

O advogado sempre deve ter em mente que as alegações orais são um mecanismo de reforço e convencimento que deverá ser usado para comunicar sua defesa de uma maneira efetiva aos árbitros. Não se trata de um momento para esbanjar conhecimento técnico-científico sobre um tema tampouco para inovar nos fundamentos jurídicos do seu pedido, mas sim para demonstrar aos árbitros quais os pontos fortes do caso em benefício do seu cliente, assim como as razões pelas quais os pontos fracos não impedem o reconhecimento da procedência do seu pedido. Para isso é de suma importância que sejam identificados todos os agentes que estarão presentes durante a apresentação, atentando-se às particularidades, posições e interesses de cada um. Da mesma forma, é necessário que o advogado tenha extenso conhecimento sobre o caso, desde as menores particularidades fáticas, até as defesas jurídicas apresentadas e defendidas.

..V. INQUIRIÇÃO DE TESTEMUNHAS

A base das técnicas em exemplos

Joaquim de Paiva Muniz[114]
Lucas Vilela dos Reis da Costa Mendes[115]

RESUMO: O trabalho tem por finalidade a apresentação das técnicas básicas a serem utilizadas por advogados na inquirição de testemunhas, apresentando exemplos de como podem ser usadas e identificando recomendações àqueles que pretendem se aproximar e passar a utilizar o instituto da arbitragem.

ABSTRACT: The purpose of this paper is to present the basic techniques to be used by lawyers in examining witnesses. It presents examples of how such techniques can be used and identify basic recommendations.

SUMÁRIO: 1. Inquirição de testemunhas: do mundo ao Brasil; da arbitragem ao CPC. 2. A inquirição direta de testemunhas. 3. A inquirição cruzada de testemunhas. 4. As reperguntas. 5. Conclusão.

1. INQUIRIÇÃO DE TESTEMUNHAS:
Do mundo ao Brasil; da arbitragem ao CPC

O presente trabalho foi inicialmente concebido para a apresentação realizada na XXIII Conferência Nacional da Advocacia Brasileira, em São Paulo, ao final de 2017. A sua estrutura clara e prática, com exemplos concretos das técnicas de inquirição de testemunhas, mostraram-se úteis ao desenvolvimento nas simulações de audiência de instrução probatória do Curso Prático de Arbitragem - CPA®. A apresentação é agora transformada em texto corrido, de modo que o conteúdo possa ser apresentado a um número maior de interessados.

A despeito de caracterizada como uma prova de menor relevância no contencioso cível clássico nacional, a prova oral, em outras jurisdições, ocupa posição central. A arbitragem, um instituto de origem internacional, influenciado por diferentes tradições jurídicas, acabou por incorporar a centralidade da prova oral à sua cultura. As audiências de instrução probatória, com longas e detalhadas inquirições de testemunhas, são prova disso.

Tal influência dirigiu-se para as arbitragens conduzidas no Brasil, tanto internacionais quanto domésticas, forçando os advogados atuantes na área a desenvolverem técnicas utilizadas em outras jurisdições para a inquirição de testemunhas.

O fundamental é que as provas orais são importantes para o convencimento de árbitros: elas bem contextualizam os fatos do caso, dando sentido a outros documentos trazidos aos autos; quando não, suprem lacunas fundamentais ao julgamento do feito.

Desde a reforma do CPC um público cada vez maior tem se interessado pelo tema. O antigo sistema, pelo qual o juiz filtrava e repetia as perguntas elaboradas pelo advogado, foi abandonado em favor de um sistema em que o advogado faz as perguntas diretamente às testemunhas, viabilizando, com isso, a utilização das técnicas que aqui serão tratadas. A incorporação de tal sistema, não se questiona, é fruto das influências internacionais da arbitragem[116].

No sistema de inquirição utilizado na arbitragem – e no

novo CPC – o advogado possui maior poder instrutório. Muito embora, sim, o árbitro possa intervir – tema dos mais interessantes, cujos limites serão tratados em obra futura - é o advogado quem dirige as perguntas à testemunha. Ele, com isso, determina os assuntos que serão trazidos aos autos e direciona a prova para as circunstâncias que reputa mais importante para o caso. A boa condução da inquirição, portanto, depende da forma pela qual as perguntas são feitas – o que, como se passa a ver, possui técnica própria.

Três são as formas de colheita de prova testemunhal em arbitragem: (a) o testemunho direto, (b) o testemunho cruzado e (c) as reperguntas. Na audiência de instrução, a colheita da prova testemunhal tende a seguir esta ordem, iniciando-se com a própria parte inquirindo a sua testemunha (inquirição direta), daí passando-se às perguntas para a outra parte (inquirição cruzada) e encerrando-se com as reperguntas, realizadas pela própria parte que indicou a testemunha – algo equivalente a uma réplica.

2.   A INQUIRIÇÃO DIRETA DE TESTEMUNHAS

O testemunho direto é realizado sobre a testemunha indicada pela própria parte, que, provavelmente, o advogado teve a oportunidade de conhecer e de interagir por meio de uma entrevista prévia. A melhor prática em audiências de arbitragem é o preparo da testemunha, sem que isso represente "colocar palavras na sua boca" ou, de qualquer forma, induzi-la a mentir ou a inventar fatos. Além destas serem práticas antiéticas, as mentiras ou invenções da testemunha podem facilmente ser desmontadas, o que acarreta uma grande perda de poder de convencimento para o caso da parte. Daí falar-se que dentre as dez diretrizes a serem passadas para a testemunha, as nove primeiras são "fale a verdade".

A técnica de inquirição direta é relativamente simples, pois, afinal, trata-se, a testemunha, de uma pessoa com o mesmo interesse da parte. É a chamada testemunha amigável. A sua finalidade consiste em (i) contar a história sob a perspectiva da parte; (ii) cumprir o ônus da prova; e (iii) jogar luz sobre documentos relevantes.

A inquirição direta com frequência é substituída pela declaração escrita, se autorizado pelos árbitros. Quando a testemunha apresenta seu depoimento escrito, o advogado deve tomar toda a cautela, pois contradições da testemunha em cross-examination podem servir de amplo terreno argumentação da outra parte. Cada palavra contida na declaração escrita, ou seja, precisa fielmente reproduzir os fatos tal qual ocorreram, com amplo conhecimento da testemunha, caso contrário inconsistências poderão ser exploradas pela outra parte para fins de deslegitimar tal testemunha, muitas vezes à construção do caso.

Em audiência, recomenda-se a utilização de perguntas abertas para uma testemunha amigável. As perguntas abertas são aquelas que deixam a testemunha falar longamente sobre o assunto. Não é um "sim ou não", um "certo ou errado" ou algo do gênero. É uma pergunta "me diga sobre?", "o que você sabe a respeito?", "você poderia esclarecer?". A pergunta, ou seja, confere amplo espaço para a testemunha discorrer sobre o tema.

O advogado deve manter a testemunha no foco, naquilo que importa para o caso, por meio de perguntas úteis e bem direcionadas aos "problemas" que devem ser resolvidos. A inquirição não pode virar um "bate-papo" sobre temas desimportantes para o deslinde do litígio, nem um discurso contra a parte contrária. Como se verá em outro capítulo desta obra, o método IRAC é muito útil na identificação dos temas a serem abordados pelas testemunhas.

O advogado deve se planejar para a inquirição direta. Essa preparação inclui (i) uma lista com os pontos da história que o advogado quer que sejam contados, com perguntas para cada ponto; e (ii) perguntas para cada ponto que acredita que aquela testemunha pode provar.

Veja-se um exemplo prático de uma inquirição direta. Trata-se de um exercício feito no Curso Prático de Arbitragem - CPA®. Todo o curso é baseado em um caso fictício, o qual serve de base para que as provas sejam produzidas. A solução do caso depende da interpretação de uma cláusula contratual ambígua. Uma parte interpreta a cláusula de modo que ela represente um preço fixo, que não pode variar sob quaisquer circunstâncias. A outra parte, ao contrário, alega que a cláusula autoriza o reajuste do preço.

Quem será inquirida nas simulações abaixo é uma representante da empresa Autora, que alega que os preços não poderiam variar, que o contrato possui um preço fechado, absolutamente imutável. O advogado da empresa autora, desta forma, conduzirá uma inquirição direta sobre a presidente da empresa. É o seu cliente, por assim dizer. Alguém da sua confiança. Vejam como as perguntas são amplas, como a testemunha possui espaço para dissertar sobre os temas relativos à negociação do contrato.

Advogado inquirição direta. Bom dia Sra. Mariana, você poderia nos contar o contexto em que se deu a negociação deste contrato?

Testemunha. É um contrato para o fornecimento de madeiras para a construção de um prédio. A minha empresa estava construindo prédios de alto luxo e madeiras seriam utilizadas na finalização das áreas comuns. O fornecimento das madeiras era apenas um dos serviços a serem entregues para a obra, que, como sabem, é muito dinâmico.

Advogado inquirição direta. Obras são muito dinâmicas, de fato, mas algo foi discutido sobre o preço do fornecimento das madeiras?

Testemunha. Sim, como estava falando, obras são dinâmicas, mas é essencial que os custos sejam estáveis e previsíveis. Nunca conseguiríamos fazer uma obra em que os preços possam subir fora do nosso controle. Por isso, todos os nossos contratos são negociados de forma que os preços sejam imutáveis. Aceitamos, até mesmo, pagar mais para que os preços não sofram qualquer influência. A imprevisibilidade é o maior risco de uma obra.

Advogado inquirição direta. Então o contrato foi negociado sob a premissa de que o valor seria fixo, que inexistiria alteração?

Testemunha. Sim, esta foi a premissa. Preço fixo. Essencial para a viabilidade de construção do prédio.

Veja-se como foram construídas as perguntas. O advogado começou com uma pergunta extremamente ampla, sobre o "contexto de negociação do contrato". Uma pergunta assim não possui certo ou errado, é difícil que existam provas nos autos que desautorizem, expressamente, o que a testemunha falar. Trata-se, basicamente, de uma carta branca para a testemunha falar o que pensa sobre o assunto.

Na sequência, como forma de trazer a testemunha para o assunto do caso, o advogado fez uma pergunta um pouco menos ampla, sobre o contexto de negociação do preço do contrato. Mesmo assim, uma pergunta que a testemunha poderia falar o que entende sobre o assunto. Ele apenas perguntou "o que foi discutido sobre o assunto?". Uma pergunta, como se vê, que dá amplo espaço para a testemunha falar do tema.

A última pergunta foi um pouco mais fechada. O advogado utilizou-se de tal pergunta para deixar clara a posição do seu cliente. Ele começou com um "então" e seguiu para perguntar se "a premissa era de preços fixos". A resposta foi curta, basicamente um sim. O interessante desta pergunta é que a sua resposta é fechada, mas como se referia a "premissas de negociação", dificilmente o advogado conseguiria desautorizar a resposta da testemunha com base nas demais provas produzidas nos autos. Ele se utilizou de tal pergunta para frisar e ressaltar aquele ponto que julgou essencial durante a fala da testemunha que ele mesmo indicou.

As perguntas, portanto, contavam com a absoluta confiança de que a testemunha falaria em favor do advogado.

A experiência e as melhores práticas indicam cinco ações que devem ser feitas e cinco que não devem em inquirições diretas:

Deve ser feito:
1o Entreviste a testemunha.
2o Diga à testemunha para falar a verdade.
3o Faça um "cross-examination" simulada, para descobrir inconsistências e mentiras.
4o Abra mão da testemunha, se não confiar nela.
5o Na audiência, faça sempre perguntas abertas.

Não deve ser feito:
1o Não deixe a testemunha soar artificial.
2o Não faça perguntas demais sobre a história.
3o Não faça pergunta cuja resposta você desconheça.
4o Não ponha palavras na boca da testemunha.
5o Não deixe a testemunha memorizar suas respostas.

3. A INQUIRIÇÃO CRUZADA DE TESTEMUNHAS

Passa-se, agora, para a inquirição cruzada de testemunhas, o famoso cross examination. A diferença fundamental no testemunho cruzado é que ele é realizado sobre uma testemunha indicada pela outra parte, uma testemunha denominada "adversarial"; alguém com visão oposta à do advogado que fará a inquirição. A questão, portanto, é como inquirir uma pessoa com ponto de vista contrário ao do seu cliente? Como extrair informações úteis para o seu caso nestas circunstâncias?

Antes de adentrar-se nas técnicas de inquirição, deve-se lembrar que a cross examination serve para (i) deslegitimar a testemunha; (ii) obter confissões; e/ou (iii) confrontar a testemunha com prova desfavorável.

É aqui que a técnica se mostra mais relevante. A forma de condução da inquirição cruzada é por meio de perguntas precisas e fechadas, não deixando espaço para que a testemunha possa apresentar a sua opinião ou se manifestar sobre fatos desconhecidos ao advogado. São perguntas específicas e respostas curtas, muitas vezes "sim ou não". São, também, perguntas pontuais, as quais, conjuntamente, um passo de cada vez, construirão a narrativa que o advogado pretende construir[117].

Controle da resposta é essencial no testemunho cruzado, algo que pressupõe conhecimento profundo e detalhado do caso e do Direito aplicável.

Ao exemplo, então. Como visto, o caso discute uma cláusula de interpretação ambígua. A Parte Autora afirmou que o preço não poderia sofrer alterações. A parte Ré, no entanto, precisa demonstrar que a cláusula permite, sim, a variação de preço. Vejam como o advogado da Ré vai realizar uma estratégia de inquirição para, por meio do depoimento da testemunha, demonstrar o seu ponto ao tribunal arbitral.

Advogado inquirição cruzada. Bom dia, Mariana. A senhora afirmou que a premissa de negociação era que o preço do contrato não aceitaria variações, correto?

Testemunha. Sim, correto.

Advogado inquirição cruzada. A regra é que o preço seria fixo, portanto, certo?

Testemunha. Sim, certo, fixo.

Advogado inquirição cruzada. Este contrato foi negociado entre as partes, certo?

Testemunha. Assim como todo contrato.

Advogado inquirição cruzada. Você conversou com o representante da Ré sobre o contrato, não?

Testemunha. Conversamos sim.

Advogado inquirição cruzada. Sobre o preço inclusive?

Testemunha. Não me recordo.

Advogado inquirição cruzada. Eu tenho aqui a cópia de uma conversa de Whatsapp entre você e o representante da Ré. Você confirma que esta foto, no canto superior direito da imagem, é sua?

Testemunha. Confirmo, é minha.

Advogado inquirição cruzada. É a foto que você usa no Whatsapp, portanto?

Testemunha. Eu usei essa foto, sim.

Advogado inquirição cruzada. Nesta conversa vocês trataram especificamente do preço do contrato. Você se recorda de tais entendimentos?

Testemunha. Lembro que conversamos algo a respeito.

Advogado inquirição cruzada. Do que se lembra?

Testemunha. Lembro de termos conversado sobre questões relativas ao contrato, não sei ao certo. O que importa é a versão final do contrato, o que foi assinado.

Advogado inquirição cruzada. Não se lembra de terem falado sobre "exceções" à regra de que o preço seria fechado?

Testemunha. Não lembro.

Advogado inquirição cruzada. Veja só o documento, o representante da Ré lhe enviou uma mensagem afirmando que seria "necessário colocar algumas exceções" à "parte do preço do contrato". A senhora lembra da resposta que lhe deu?

Testemunha. Isso faz muito tempo, não me recordo com precisão.

Advogado inquirição cruzada. Em resposta, você perguntou sobre quais exceções ele se referia. E ele disse que se os custos do mercado subissem, o preço deveria acompanhar. Você lembra a sua resposta?

Testemunha. Não, não lembro.

Advogado inquirição cruzada. Você afirmou que se caso os custos diminuíssem, o valor do contrato variaria para baixo. Vocês falaram que subindo ou descendo o valor dos insumos, o preço poderia mudar. Não se recorda disso?

Testemunha. Lembro vagamente de uma conversa. O que importa é a redação final do contrato.

Advogado inquirição cruzada. A redação do contrato é importante mesmo. Mas eu vejo aqui que na sequência você disse que essa exceção ao preço fixo poderia ser colocada no contrato. Você lembra de algo a respeito?

Testemunha. Não. Já disse, a leitura do contrato é o que importa.

Advogado inquirição cruzada. Foi o que você disse em resposta à mensagem de que o preço variaria para cima ou para baixo, conforme o valor dos insumos. Posso até ler as suas palavras: "*ok, podemos colocar isso no contrato*"... De toda forma, você confirmou que conversou com o representante da Ré por Whatsapp, certo?

Testemunha. Certo.

Advogado inquirição cruzada. Também confirmou que esta era a sua foto no Whatsapp, certo?

Testemunha. Hum, certo.

Advogado inquirição cruzada. Muito obrigado, sem mais perguntas.

Esta foi uma inquirição cruzada precisa, meticulosamente baseada nas palavras constantes nos documentos dos autos. O que o advogado fez foi demonstrar que a posição do representante da Autora era inconsistente, que ele mencionou a regra geral do contrato, mas esqueceu de falar de uma "exceção" sobre a qual as partes conversaram. A existência de um acordo quanto a uma "exceção" parecia o objetivo central da inquirição do advogado. Veja-se como o advogado se ateve às palavras e às minúcias do caso.

Muito embora a testemunha tenha feito diversas referências à própria cláusula contratual ambígua, o advogado seguiu a sua estratégia de exaurir as trocas de mensagem por Whatsapp que lhe beneficiassem. Afinal, se a própria interpretação da cláusula é o tema controvertido, a sua leitura não será suficiente à interpretação do negócio, fazendo que o essencial seja, por exemplo, a compreensão das negociações que levaram à redação de tal cláusula. Firme em tais premissas, o advogado manteve o foco naquilo que lhe interessava e nas informações úteis que o caso lhe provia.

Mais do que isso, o advogado conseguiu fazer o ponto dele sem que a testemunha pudesse apresentar o seu caso. Eram apenas perguntas "sim ou não", "certo ou errado", "lembra-se ou não". A testemunha não tinha espaço para dissertar sobre o caso. Eram questões bem específicas e pontuais, detalhadamente controladas por meio da conversa de Whatsapp da própria testemunha. Seguindo essa metodologia, o advogado conseguiu manter o poder e o controle da testemunha em suas mãos.

O mais importante deste exemplo é aquilo que não foi perguntado pelo advogado. Ele queria demonstrar que uma "exceção" foi negociada; quando conseguiu, encerrou as suas perguntas. Ele não fez perguntas para demonstrar que a representante legal é inconsistente, que ela não se recorda bem dos fatos, que ela é relapsa ou coisa do gênero. Ele também não fez perguntas sobre a relação entre a conversa de Whatsapp e a cláusula ambígua do Contrato - aquela que não deixa claro se o preço pode variar ou não. A ausência destas perguntas é a parte mais relevante da inquirição cruzada, pois o advogado não poderia fazer perguntas que ele não consiga demonstrar documentalmente a resposta. Tivesse ele feito uma pergunta sem o controle da resposta, a testemunha poderia ter encontrado espaço para argumentar todo o seu caso para o tribunal arbitral.

A experiência nos cursos até hoje realizados mostra que os alunos possuem a tendência de confundir o que é fato e o que é Direito. A distinção entre uma coisa e outra, diga-se, pode ser de difícil identificação. É comum, neste sentido, os alunos abandonarem as perguntas baseadas unicamente na conversa de Whataspp e passarem a tratar da interpretação da cláusula ambígua; afinal, a interpretação da cláusula é a matéria mais importante do caso.

Acontece que interpretação contratual é aplicação do Direito. A testemunha, no exemplo, não foi convocada para falar de Direito, apenas de fatos. E, inevitavelmente, uma pergunta de Direito não poderia ser fechada e bem determinada, pois ela não seria baseada em documentos e informações específicas. É por isso que se afirma que a última pergunta, aquela que conclui o caso, não deve ser feita. Diz-se, a este respeito, que a última pergunta, a mais importante, será respondida pelo próprio advogado quando da elaboração das razões finais, oportunidade em que ele poderá aplicar os fatos do caso ao Direito e, aí sim, extrair conclusões[118].. A testemunha não está ali para apresentar conclusões. Ela está ali para produzir provas – sua função é adstrita ao mundo dos fatos[119]

Outro ponto das perguntas do advogado deve ser ressaltado. Uma das perguntas mais importantes da sequência foi aquela que levou a testemunha para a literalidade da conversa de Whatsapp. Ele fez isso, pois sabia que era nessa conversa que ele poderia demonstrar que houve a negociação de uma "exceção" ao preço fixo do contrato. Daí, fez a testemunha declarar que aquela, de fato, era uma conversa dela com o representante da parte e repassou o texto, deixando claro o seu conteúdo. Ele fez isso para deixar em evidência que as partes falaram sobre uma "exceção". Feita a inquirição, o advogado terá dois tipos de provas para corroborar o seu argumento, uma documental e uma testemunhal; as duas juntas podem ser decisivas no momento de valoração das provas pelo tribunal arbitral.

Mas veja-se que o advogado só conseguiu exercer poder sobre a testemunha porque fez perguntas objetivas, as quais possuíam respostas documentais para opor à testemunha. Não fosse isso, a testemunha poderia falar sobre aquilo que melhor lhe interessasse.

Veja-se, então, o exemplo oposto, daquilo que não se deve fazer em uma inquirição cruzada. Imagina-se a hipótese de o advogado fazer perguntas abertas para uma testemunha adversarial. Vejam o caminho que uma inquirição assim tende a seguir.

Advogado inquirição cruzada. Boa tarde, Sra. Mariana. Me fale uma coisa, as partes não negociaram uma exceção à regra geral de que o preço seria fixo?

Testemunha. Não que me recorde.

Advogado inquirição cruzada. Há um documento nos autos que fala isso.

Testemunha. Não me recordo.

Advogado inquirição cruzada. Esse documento, em que se fala em uma exceção à regra de que o preço seria fixo, não é um demonstrativo de que a cláusula do contrato deve ser interpretada como uma exceção, afinal é justamente esta cláusula que está sendo debatida nos autos?

Testemunha. Não. Acredito que a interpretação da cláusula seja suficiente, ela reafirma que o preço é fixo. Isso era muito importante para a nossa empresa.

Advogado inquirição cruzada. Mas a cláusula fala que variações ao valor dos insumos não estão inseridas no preço, é uma redação clara: não estão inseridas. Você não concorda?

Testemunha. Discordo frontalmente. É uma cláusula que fala que o preço é fixo. Isso sempre foi essencial para a nossa empresa.

Advogado inquirição cruzada. Mas como você pode afirmar isto, se agora pouco disse que não se recordava das negociações do contrato?

Testemunha. Você me perguntou se lembrava de ter negociado exceções. Disso não recordo. E se algo foi dito a respeito, com certeza não foi aceito ao final. Acima de tudo, o que me recordo muito bem é que este é um contrato com preço fixo e fechado. Entenda bem, é uma obra, muitos fornecedores, se os valores variarem, o projeto fica economicamente inviável para a gente, entendeu?

Discussões entre o advogado e a testemunha em audiências é relativamente comum. Não se trata de um exagero ou uma aberração.

O que aconteceu neste último exemplo foi o abandono da finalidade da inquirição da testemunha, chegando-se ao resultado clássico de uma inquirição cruzada incorreta: a argumentação do caso. O advogado não conseguiu que a testemunha falasse o que ele queria que ela falasse e, para tentar superar o problema, passou a argumentar o caso. Tentou fazer o convencimento de que ele, advogado, está certo e a testemunha está errada. Acontece que o advogado não está ali para argumentar o caso. Muito menos para convencer a testemunha. A finalidade da inquirição é que a testemunha seja ouvida: que a prova seja produzida.

O maior problema em uma postura como essa é que a testemunha produz provas e o advogado não, de modo que este debate serve apenas para o benefício da própria testemunha. Mais do que isso, representa um descontrole por parte do advogado, o que passa uma impressão de fragilidade a todo o seu caso.

Em resumo, a técnica de cross examination requer:

1o Perguntas específicas e diretas.
2o Perguntas fechadas, com tom afirmativo, para resposta "sim" ou "não".
3o Perguntas preferencialmente baseadas em documento dos autos.

4o Separação de perguntas por tópicos, para evitar "vai e volta".

5o Não pergunte de pronto. Vá bordeando até chegar lá.

6o Quanto o ponto estiver feito, pare!

Por outro lado, seguem 6 dicas do que não se deve fazer:

1o Não faça perguntas longas.

2o Não faça perguntas abertas.

3o Não faça pergunta cuja resposta você desconheça.

4o Não faça perguntas irrelevantes.

5o Não brigue com a testemunha – deixe a testemunha brigar com você.

6o Não pense que está em filme de tribunal – tenha modos.

Vale, também, as seguintes dicas para serem repassadas às testemunhas; seja na inquirição direta, seja na cruzada:

1o Não minta.

2o Não chute. Se não souber, diga que não sabe. Se não entendeu a pergunte, peça para repetir.

3o Ouça a pergunta.

4o Pense antes de responder.

5o Ponha as respostas em contexto.

4.   AS REPERGUNTAS

Após a inquirição cruzada, o advogado que indicou a testemunha normalmente tem o direito de tecer novas perguntas em relação aos pontos examinados durante o *cross examination*. Esse procedimento é designado "repergunta". O seu objetivo é mitigar os danos do *cross examination*, seja quanto à credibilidade da testemunha, seja quanto a outros pontos com relação aos quais outra parte teve sucesso na inquirição.

Geralmente a repergunta só pode ser feita baseada em questões suscitadas no cross-examination.

Muitas vezes, a repergunta pode ser dispensada, devendo ser estrategicamente considerada no caso-a-caso. Por isso, recomenda-se a reflexão de qual ponto abordar e se é necessário que este ponto seja abordado novamente.

Não é fácil para o advogado, no calor de uma audiência, formular as reperguntas logo após o *cross-examination*, cujo conteúdo exato ele só saberá no momento. Assim, sugere-se que o advogado, em sua preparação prévia, antecipe as perguntas difíceis a serem feitas pela outra parte no *cross-examination* e já minute algumas reperguntas.

5. CONCLUSÕES

Arbitragem é um instituto influenciado por diferentes fontes: as diferentes tradições jurídicas nele se encontram para que as disputas sejam resolvidas. Uma das maiores belezas do instituto é o diálogo cultural entre advogados de diferentes jurisdições – sendo, igualmente, este, um dos seus maiores desafios.

Tal contato cultural leva à possibilidade de o advogado brasileiro aprender e se desenvolver por meio de técnicas evoluídas em outros países, como as técnicas de inquirição aqui tratadas. À primeira vista, as técnicas podem parecer inaplicáveis à realidade brasileira. A maior interação em procedimentos arbitrais – e em um contencioso cível de maior complexidade – leva o advogado a concluir pela relevância e praticidade de tais técnicas. É no contexto, ou seja, de uma inquirição complexa, com incontáveis documentos, que o advogado se volta a tais técnicas para conseguir escolher o caminho a ser trilhado, construindo, aos poucos, um caso forte ao seu cliente.

.VI.
FUNCIONAMENTO DE UM CENTRO DE RESOLUÇÃO DE DISPUTAS

Luís Alberto Salton Peretti[120]

RESUMO: Neste artigo aborda-se, na introdução, os motivos que levam os usuários a recorrer aos centros de resolução de disputas (entidades que administram procedimentos de mediação, arbitragem e outros métodos adequados de resolução de disputas) e, em seguida, descrevem-se algumas finalidades práticas que eles atendem (para que existem). No artigo também se investiga o que esses centros fazem e o que eles não fazem - nem devem fazer (como funcionam). No quarto capítulo analisa-se a governança institucional dos centros, descrevendo em traços largos as competências funcionais de seus diversos órgãos (quem faz o que). Por fim, conclui-se que os centros prestam um apoio valoroso e muito profissionalizado, contribuindo para a condução eficiente das arbitragens.

ABSTRACT: This article addresses, in its introduction, the reasons that lead users to resort to dispute resolution center (entities that manage arbitration, mediation and other alternative dispute resolution proceedings). The article then describes some of the practical needs that they cater for (why they exist). The article also details what such centers do and what they do not (and should not) do. The fourth chapter delves into the institutional governance of such centers, describing the competence of their distinct organs (who does what). Finally, the article concludes that the centers provide valuable and highly professionalized services, which contribute to the efficient conduct of arbitrations.

SUMÁRIO: 1. Introdução. 2. Para que? Vantagens dos Centros de Resolução de Disputas. 2.1 Cláusulas Modelo e Adesão Simplificada ao Regulamento. 2.2 Superação de Impasses. 2.3   Previsibilidade e Gestão de Custos. 3. Como funcionam? O que fazem os Centros de Resolução de Disputas? 3.1 Gestão dos Procedimentos. 3.2 Atividades Administrativas. 3.3 Logística e Instalações. 3.4 O Fomento aos Métodos Adequados de Resolução de Disputas. 3.5 O Que os Centros Não Fazem. 4. Quem faz o que? A Governança Institucional e a Busca da Neutralidade. 4.1 Presidência. 4.2 Órgãos Colegiados. 4.3 Secretaria. 4.4   Financeiro. 4.5 Vinculação a Outras Entidades. 5. Conclusão

1.   INTRODUÇÃO

O generoso convite para participar desta publicação deve-se provavelmente ao fato de que, além de advogar em resolução de disputas (e especialmente em arbitragens) perante centros nacionais e estrangeiros, atuei como gestor de uma das principais câmaras arbitrais do Brasil[121]. Neste artigo analiso alguns aspectos do funcionamento dessas instituições, sua utilidade para os usuários e sua importância na promoção da arbitragem.

Embora no contexto de um "Curso Introdutório de Arbitragem", gostaria de fazer uma digressão inicial e ampliar o tema. Parece útil lembrar que as mesmas entidades que administram arbitragens também propiciam e administram outros métodos de resolução de disputas. Dessa forma, refiro-me de forma mais ampla a centros de resolução de disputas (doravante "Centros").

A variedade na oferta de ferramentas pelos Centros decorre de uma constatação. A comunidade empresarial percebeu que os métodos tradicionais de resolução de conflitos não ofereciam soluções satisfatórias para resolver todos eventuais impasses a perturbar seus negócios. Assim, passaram a empregar também outras técnicas tendentes a garantir maior controle sobre o processo de resolução de disputas e sobre o resultado de eventuais desavenças[122].

Nesse contexto, além da promoção da arbitragem — que, desde a celebração da Convenção das Nações Unidas sobre o Reconhecimento e Execução de Sentenças Arbitrais (Convenção de Nova Iorque de 1958), já se impunha como o método preferido para a resolução de disputas no comércio internacional — passou-se a divulgar outros métodos de resolução de disputas. Esses métodos, em inglês, podem ser referidos como "alternativos", termo componente da onipresente denominação *"alternative dispute resolution - ADR"*. No Brasil, prefere-se a denominação *"meios adequados de resolução de litígios"*[123], que tem a dupla vantagem de salientar que esses meios (a) não são um sucedâneo abastardado do Judiciário, mas ferramentas a título próprio que podem ser apropriadas para determinadas disputas, e (b) podem ser ajustados (ou adequados) pelas partes ao caso concreto[124].

Essa tendência não é exclusiva do setor privado ou dos métodos extrajudiciais, ela também contagiou o Judiciário. Em 1976 o Prof. Frank Sanders, de Harvard, propôs o conceito de sistema multiportas de acordo com o qual o Judiciário deveria oferecer soluções adaptadas de acordo com as características de cada disputa[125]. No Brasil, essa ideia inspirou a redação da

Resolução 125 de 2010 do Conselho Nacional de Justiça e o atual Código de Processo Civil, diplomas que adotam e promovem os métodos adequados de resolução de disputas.

Os Centros mais atuantes no Brasil[126] e no mundo[127] são verdadeiras instituições multiportas. Além da arbitragem, oferecem regulamentos de mediação, regulamentos de comitês de prevenção e solução de controvérsias (*dispute boards*), regras de árbitro de emergência e até mesmo formas de resolução de controvérsias aplicáveis ao registro de nomes de domínio na internet[128]. A esses métodos, somam-se as ferramentas eletrônicas, que geraram a mais recente onda de *online dispute resolution* (ODR)[129].

Vale lembrar que, ao escolher um método de resolução de disputas, o usuário poderá regulá-lo de forma *ad hoc*, preparando diretamente essa ferramenta, ou recorrer a um centro de resolução de disputas. Isso pode ocorrer tanto na arbitragem[130], como na mediação[131] e mesmo nos *dispute boards*[132]. Feito esse panorama, passo a tratar do funcionamento dos centros de resolução de disputas com foco nos procedimentos arbitrais.

Neste artigo, delineio algumas vantagens que estimulam a utilização dos Centros pelas partes interessadas, descrevendo, em outras palavras, para que serve sua utilização (2). Em seguida, discorro sobre o que fazem os centros de resolução de disputas na administração de arbitragens, analisando como funcionam (3). Em seguida, apresento em traços largos algumas características comuns na governança institucional desses centros, atentando especialmente para as medidas que visam a garantir a neutralidade da gestão de arbitragens, em outras palavras, quem faz o que (4).

2.   PARA QUE?
Vantagens dos centros de resolução de disputas

Como mencionado, a utilização dos Centros não é condição imprescindível para operacionalizar os métodos adequados de resolução de disputas. Há que se reconhecer, entretanto, que a atuação do Centro facilita sobremaneira a condução desses procedimentos. Como isso acontece? Neste capítulo, veremos que, em primeiro lugar, ao oferecer cláusulas modelo e regulamentos prontos para adesão, os Centros facilitam a vinculação dos usuários à arbitragem (*2.1*). Além disso, sua atuação ajuda a superar impasses e torna mais eficiente a utilização dos métodos adequados (*2.2*), além de garantir previsibilidade e facilitar a gestão dos custos das arbitragens (*2.3*).

2.1   Cláusulas Modelo e Adesão Simplificada ao Regulamento

É mais do que sabido que a cláusula de resolução de disputas é muitas vezes preterida pelos termos comerciais que constituem o objeto principal dos negócios. As atenções dos negociantes voltam-se para os aspectos lucrativos da operação e o método de resolução de disputas, verdadeira rede de segurança do negócio, acaba sendo escolhido por último, merecendo o apelido de estipulação da meia-noite ou *"midnight clause"*.

Conscientes disso, os centros de resolução de disputas oferecem cláusulas-modelo adaptáveis a uma ampla gama de contratos. Apesar de poderem parecer sucintas, elas normalmente preveem as condições necessárias para que o método de resolução de disputas funcione.

Essas condições incluem, em apertada síntese, uma referência incondicionada à arbitragem e à adoção do regulamento de resolução de disputas do Centro. Contando-se com esses dois elementos, está-se diante de uma cláusula cheia que viabiliza a atuação do Centro.

A vinculação à arbitragem resulta, portanto, simplificada. Basta as partes fazerem uma referência incondicionada a certo Centro e todas as disposições de seu regulamento aplicar-se-ão automaticamente, dispensando as partes de estipular os detalhes do procedimento.

Assim, a publicação de um regulamento de arbitragem corresponde a uma oferta pública de serviços de administração de procedimentos, à qual os interessados aderem em dois momentos. Primeiro, ao incluir a cláusula de resolução de disputas (de acordo com o modelo da instituição ou não) no contrato; segundo, ao requerer a instauração de arbitragem nos termos do regulamento. A partir daí, haverá uma relação contratual multilateral entre as partes litigantes, o Centro e os árbitros a serem nomeados, cada um desempenhando o papel que, segundo a Lei de Arbitragem, lhe corresponde.

2.2   Superação de Impasses

Ao fazer referência ao regulamento de um centro de resolução de disputas, as partes podem se desincumbir de regular diversos aspectos do procedimento. Não estipularam nem a sede nem a língua da arbitragem? O regulamento supre. As partes não dispuseram sobre a forma de nomeação dos árbitros? O regulamento também deve suprir.

Na arbitragem, a principal consequência do recurso a uma instituição é que, em caso de impasses, a instituição pode impulsionar o procedimento e recolocá-lo nos trilhos. O diferencial não é a completude ou o nível de detalhamento dos regulamentos oferecidos pelos Centros. Mesmo em arbitragem *ad hoc*, as partes poderiam escolher regulamentos já testados e aprovados, como o Regulamento de Arbitragem desenvolvido pela Comissão das Nações Unidas para o Direito do Comércio Internacional ("Uncitral")[133]. Essa é a escolha mais recorrente em arbitragens *ad hoc*[134] e que pode vir ou não combinada com a opção por uma autoridade nomeadora para suprir dificuldades na constituição do tribunal.

Além de colocar à disposição regulamentos testados e adaptados à experiência do mercado (região geográfica e indústria) em que se inserem, os Centros oferecem apoio na organização inicial do procedimento.

A principal vantagem da arbitragem institucional é a supervisão desempenhada pela instituição administradora, que (nos limites dos poderes a ela conferidos pelo regulamento) pode ajudar tanto (i) a superar eventuais resistências à instituição da arbitragem, evitando "becos sem saída" que de outro modo tornariam necessário o apoio do Judiciário na forma do Art. 7º da Lei de Arbitragem[135], quanto (ii) a organizar melhor o relacionamento entre as partes, os árbitros e os assistentes que atuam no procedimento (peritos, tradutores, estenotipistas, etc.).

Nisso se encontra o grande incentivo para a arbitragem institucional. Se alguns litigantes podem superar impasses mediante acordos, o nível de beligerância que se percebe em outros deve servir de estímulo para a adoção da arbitragem institucional.

2.3   Previsibilidade e Gestão de Custos

Além de zelarem pela boa instalação e desenvolvimento dos procedimentos, os Centros estabelecem regras objetivas para a fixação dos honorários dos árbitros e para a remuneração dos serviços administrativos relacionados ao procedimento. Cada instituição avalia os custos de acordo com sua atuação e seu mercado relevante e adota sistemáticas diferentes de cálculo, que podem ser baseados em tarifas horárias, periódicas (mensalidades), ou depender do valor em disputa.

A oferta no mercado é bastante diversificada e cabe ao usuário verificar não só a idoneidade do Centro a ser escolhido, mas também a adequação dos custos à realidade das partes.

Nesse contexto, tachar a arbitragem de procedimento custoso, reservado aos grandes contratos, revela certo comodismo. É evidente que nem todos os contratos poderão fazer referência aos maiores Centros de arbitragem do mundo para resolver suas disputas. Cabe às partes verificar quais são as opções viáveis para seu caso.

Opções não faltam. Os regulamentos podem oferecer diferentes soluções e estilos, podem ser orientados para tipos diferentes de disputas. Algumas instituições oferecem regulamentos de arbitragem expedita, podendo ou não restringir a instrução probatória ao exame de documentos. Também existem diversos Centros especializados: as regras da Grain and Feed Trade Association ("Gafta") são referência mundial para a arbitragem relativa a commodities agrícolas[136], a Corte de Arbitragem para o Esporte especializa-se em regulamentos esportivos e negócios relacionados[137], a Associação Americana de Arbitragem oferece diferentes regras para arbitragem comercial, de construção, de emprego[138], etc.

Assim, as ofertas de serviços pelos Centros competem num mercado em que há múltiplas opções. Os Centros estudam sua inserção no mercado de forma estratégica. Algumas instituições dispõem de amplo pessoal especializado, capaz de trabalhar em múltiplos idiomas; por sua vez, outros centros mais especializados podem oferecer uma gama de serviços adaptada (especialmente em termos de custos) à demanda de determinado mercado.

Assim, ao escolher um Centro, as partes podem verificar de antemão se a tabela de custas dessa instituição adapta-se ao tipo de contrato cuja disputas elas querem resolver por arbitragem. Na falta de uma tabela de custas conhecida de antemão[139], caberia às partes discutir os honorários dos árbitros com o tribunal arbitral o que, além de poder revelar-se desconfortável (como se verá a seguir), não permite a mesma previsibilidade que oferecem as tabelas de custas dos Centros.

3.   COMO FUNCIONAM?
O que fazem os centros de resolução de disputas

Os Centros oferecem os serviços de assessoria e administrativos, bem como o apoio logístico necessário para a boa condução dos procedimentos. Em se tratando de arbitragem, os serviços de assessoria traduzem-se em medidas de gestão dos procedimento (*3.1*). A eles se somam as atividades administrativas (*3.2*), a organização logística dos procedimentos arbitrais (*3.3*), e o fomento dos métodos adequados de resolução de disputas (*3.4*). Demais disso, interessa abordar algumas atividades que os Centros não fazem e não devem realizar (*3.5*).

3.1   Gestão dos Procedimentos

A parte que escolhe um centro de resolução de disputas está contratando um prestador de serviços cuja atividade será decisiva para o bom andamento da arbitragem e que poderá auxiliar os árbitros a atingirem o objetivo do procedimento de forma mais eficiente, ou seja, ajudando a prolação de uma sentença arbitral hígida após um procedimento mais bem organizado e célere. Não é à toa que recente pesquisa indicou que os usuários escolhem os centros de resolução de disputas (i) com base em sua reputação e reconhecimento e (ii) em função da qualidade dos serviços de administração oferecidos e da experiência da instituição[140].

O trabalho dos Centros inicia-se com o atendimento dos usuários e o oferecimento de orientações. Os profissionais atuantes nos Centros prestam informações sobre o funcionamento dos serviços e sobre os aspectos práticos do recurso à arbitragem. Eles normalmente informam sobre modos de comunicação, forma de pagamento de taxas, protocolo e envio de correspondências, a praxe do Centro em vista de seu regulamento e outros aspectos relevantes para a boa condução das arbitragens. Mesmo que sejam advogados, os profissionais dos Centros limitam-se a oferecer as informações necessárias para a utilização dos serviços correspondentes.

Iniciado o procedimento por iniciativa de alguma das partes, cabe aos Centros receber as solicitações de instauração de arbitragem, mas não sem antes verificar se existe (i) referência à arbitragem e (ii) adoção do regulamento emitido por aquele Centro.

A instituição da arbitragem é providência séria, pois interrompe a prescrição na forma do § 2º do Art. 19 da Lei de Arbitragem[141]. Dessa forma, os Centros se esforçam para garantir que a admissão do procedimento esteja baseada em documentos idôneos. Isso significa que, ao receber o requerimento de arbitragem, os funcionários do Centro verificam se existe convenção de arbitragem e se os requisitos (formais) regulamentares estão preenchidos. Em caso de dúvidas, muitos regulamentos confiam ao Centro, na figura de seu presidente, a avaliação preliminar da existência de convenção de arbitragem. Note-se, entretanto, que essa avaliação é feita em cognição sumária, ou seja, *prima facie*. A existência de problemas deve ser avaliada *ictu oculi* (isto é, deve saltar aos olhos de forma flagrante). A cognição do Centro não poderá ser exauriente, nem depender da produção de provas.

Diante de uma convenção de arbitragem compatível (que não faça referência a outra instituição, por exemplo), o Centro deve admitir o requerimento de arbitragem e eventuais problemas deverão ser resolvidos pelos árbitros, afinal, nos termos do § único do Art. 8º da Lei de Arbitragem "*caberá ao árbitro decidir de ofício, ou por provocação das partes, as questões acerca da existência, validade e eficácia da convenção de arbitragem e do contrato que contenha a cláusula compromissória*". Portanto, a análise dessa matéria cabe em última análise aos árbitros.

Recebido o requerimento de arbitragem, incumbe ao Centro

intimar as outras partes participantes e adotar as medidas necessárias para a constituição do tribunal arbitral. Essas medidas podem compreender, entre outras coisas:

(i)   *A nomeação dos árbitros.* A escolha dos árbitros pode seguir o acordo das partes incluso na convenção de arbitragem ou, na falta de estipulação, as regras do Centro. A depender do andamento da arbitragem, podem surgir diversas questões a serem resolvidas: o que acontece quando houver mais de duas partes? E se uma parte deixar de nomear um árbitro no prazo? O que acontece se as partes estabelecerem exigências de qualificação (experiência de indústria, formação acadêmica, competências linguísticas, etc.) para os árbitros? Essas são questões que o Centro pode vir a encaminhar, viabilizando a continuidade da arbitragem, mas sempre de forma preliminar e sujeita à posterior confirmação pelo tribunal arbitral.

(ii)   *A verificação da independência e imparcialidade dos árbitros.* Segundo o § 1º do Art. 14 da Lei de Arbitragem "*as pessoas indicadas para funcionar como árbitro têm o dever de revelar, antes da aceitação da função, qualquer fato que denote dúvida justificada quanto à sua imparcialidade e independência*". Cabe aos Centros organizar a forma por meio da qual o árbitro vai exercer esse dever de revelação. Normalmente, os Centros enviam questionários a serem preenchidos pelos árbitros e que são depois apresentados às partes para que verifiquem eventuais revelações.

(iii)   *A solução de questões procedimentais.* Nessa fase inicial, diversas questões procedimentais podem surgir. Caso um árbitro nomeado faça alguma revelação que possa gerar dúvida justificada acerca de sua independência e imparcialidade, a parte interessada poderá arguir a exceção de recusa prevista no art. 15 da Lei de Arbitragem.

Os regulamentos normalmente oferecem mecanismos aperfeiçoados para o julgamento dessa exceção de recusa e, caso seja necessário, permitem constituir um comitê de avaliação dessa impugnação, ou ouvir outro órgão do Centro. Isso evita que a decisão recaia sobre os árbitros, nos termos do Art. 15 da Lei de Arbitragem[142]. Também pode ocorrer que as partes pretendam seja integrar partes adicionais que não foram mencionadas nos atos iniciais do procedimento seja consolidar procedimentos arbitrais que tramitam em paralelo. Essas questões podem ser resolvidas pela presidência do Centro ou outro órgão competente na forma do regulamento.

(iv)   *O recolhimento dos honorários dos árbitros e demais custas do procedimento.* Providência primordial na organização de arbitragens institucionais, cabe ao Centro recolher os valores necessários para a condução da arbitragem. A fim de evitar que os profissionais trabalhem a descoberto, sem garantia de receber sua justa remuneração, esse recolhimento ocorre normalmente na fase inicial do procedimento, podendo ser complementado posteriormente se necessário. Também cabem ao Centro neste momento (a) apurar o valor em disputa caso ele seja relevante para o cálculo de custas, (b) organizar o recolhimento de custas pelas partes envolvidas, o qual poderá ser rateado uniformemente ou seguir outros critérios estipulados no regulamento e na convenção de arbitragem, e (c) avaliar eventuais pedidos de parcelamento ou de prorrogação de prazo para pagamento desses valores, os quais podem ou não ensejar a suspensão do procedimento.

3.2   Atividades Administrativas

Para facilitar a compreensão, podem-se dividir as tarefas administrativas dos Centros em três vertentes principais, as atividades cartorárias, secretariais e financeiras.

Entre as atividades *cartorárias*, pode-se elencar, o protocolo de petições com o arquivamento dos autos e o envio de cópias às partes; o envio de correspondências; a juntada de documentos; e o fornecimento de cópias dos autos, por exemplo. Neste ponto, *"trata-se de atribuição cartorária, a ser desempenhada com a finalidade de dar ao(s) árbitro(s) e às partes as condições para o desenvolvimento e conclusão da arbitragem"*[143].

São atividades *secretariais* do Centro o auxílio ao tribunal arbitral no acompanhamento dos prazos em diversos aspectos práticos. Note-se que, uma vez constituído o tribunal arbitral, a condução do procedimento é prerrogativa dos árbitros, mas o Centro poderá ajudar os árbitros a lembrarem-se de aspectos relevantes. Por exemplo, o Centro poderá monitorar o prazo de prolação da sentença arbitral, que pode gerar nulidade nos termos do inciso VII do Art. 32 da Lei de Arbitragem, enviando lembretes quando adequado.

Os Centros também podem intermediar o intercâmbio de correspondências entre as partes; e o acompanhamento dos atos processuais com a prestação de assistência ao tribunal arbitral para a redação de atas de reunião e termos de comparecimento, por exemplo. As atividades secretariais incluem também a compra de passagens e a organização de acomodações para os árbitros comparecerem a audiências, bem como as demais atividades descritas a seguir no item relativo à logística.

Por fim, com relação às tarefas *financeiras*, a depender do regulamento e de sua estrutura, os Centros podem ser depositários dos valores que as partes recolhem a fim de remunerar os árbitros e custear a condução dos procedimentos.

O Centro pode ficar incumbido de recolher das partes os honorários dos árbitros, permitindo que eles trabalhem com a tranquilidade de que receberão a justa contrapartida por seu serviço. A necessidade de garantir o pagamento dos árbitros ensejou a adoção em alguns regulamentos de uma regra singela: a sentença arbitral final só pode ser liberada se e quando tiverem sido quitadas todas as custas devidas na arbitragem. É fácil compreender a importância desse arranjo na medida em que, uma vez liberada a sentença arbitral, restam poucos incentivos para que as partes adimplam os valores eventualmente remanescentes. A depender do regulamento, o Centro só libera os honorários dos árbitros de forma gradual à medida que eles cumpram suas obrigações de impulsionar e levar a termo o procedimento arbitral. Algumas instituições, como a Corte Internacional de Arbitragem da Câmara de Comércio Internacional ("CCI"), adotam incentivos ainda mais prementes, podendo até mesmo reduzir os honorários dos árbitros em punição por atrasos na condução do procedimento e especialmente na prolação da sentença[144].

Na consecução de suas atividades financeiras, o Centro poderá vir a transferir valores para os árbitros, arcando com os tributos incidentes. Isso torna importante o correto cadastro dos árbitros e demais prestadores junto aos Centros, afinal a tributação poderá variar, por exemplo, em função da necessidade de remeterem-se valores para o exterior, no caso de árbitros domiciliados fora do Brasil, e do recebimento de honorários por pessoa jurídica ou pessoa física. Além de organizar o recolhimento dos tributos, os Centros podem repassar esses valores às partes como despesas da arbitragem.

Ao final do procedimento, os Centros devem prestar contas às partes e indicar como foram aplicados os valores por elas adiantados, devolvendo-lhes eventuais quantias remanescentes.

3.3   Logística e Instalações

Ainda que o surto de Covid-19 tenha acelerado o processo de virtualização das reuniões e audiências de arbitragem, os encontros presenciais permanecem momentos relevantes nas arbitragens.

As audiências podem durar dias ou semanas e sua realização bem sucedida revela verdadeiro esforço de logística. Nesse sentido, demanda-se a organização de espaços próprios ou alugados para as audiências e conciliábulos (*break-out rooms*); a disponibilização de equipamento audiovisual (microfones, retroprojetores, câmeras para videoconferência, etc.); a contratação de estenotipistas e intérpretes; o ajuste do serviço de *catering*; a convocação, acomodação e oitiva ordenada das testemunhas e peritos (presencial ou remota), entre tantas outras providências.

Tudo isso leva a crer que parte das atividades dos Centros equivale a serviços de hospitalidade. Entretanto, não se deve menosprezar a importância dessa estrutura.

Com tantas exigências, a organização de uma audiência de arbitragem requer zelo e dedicação. Essa ordenação pode ser feita pelos Centros em suas próprias instalações (ou em espaços alugados) ou deixada a cargo das partes. Se é compreensível que as partes tenham que organizar as audiências em arbitragens *ad hoc*, nas quais elas não contam com (nem remuneram) um Centro para administrar o procedimento, parece preferível poder delegar ao Centro essa organização sempre que se tratar de arbitragem administrada.

Não obstante, nem sempre os Centros têm condições de assumir a organização das audiências. Por vezes, eles tem sedes fixas e salas de audiência disponíveis em determinadas localidades, mas as partes decidem realizar audiências em cidades diferentes. Excetuada essa hipótese, parece sempre preferível escolher um Centro capaz de organizar as audiências sem ônus para as partes. Esse parece, aliás, ser o entendimento dos Estados do Rio de Janeiro e de São Paulo enquanto litigantes, já que os Decretos Estaduais nº 46.245 de 2018 e nº 64.356 de 2019, os quais dispõem sobre o uso da arbitragem para resolução de conflitos em que a administração pública fluminense e paulista, respectivamente, sejam parte, condicionam o credenciamento de Centros para administrar essas arbitragens ao oferecimento de espaço disponível para a realização de audiências e serviços de secretariado, sem custo adicional às partes, na cidade sede da arbitragem.

Além do conforto das partes durante a audiência, que é condição para o sucesso dos trabalhos, deve-se lembrar que, se couber a elas organizar os aspectos logísticos, haverá consumo de tempo de um dos integrantes da equipe, deslocando-o de suas funções normais para a realização de um trabalho diverso — a organização (talvez pela primeira vez) de um evento complexo.

Já tive que realizar pessoalmente esses preparativos algumas vezes, especialmente quando o procedimento arbitral foi administrado por uma entidade internacional que não dispunha de salas no local da audiência. Existem alternativas para isso: alguns Centros alugam salas de audiência de outras instituições e existem estabelecimentos especializados em sediar audiências, como, por exemplo, o *New York International Arbitration Center* ("NYIAC") ou o *Hearing Centre* mantido pela Câmara de Comércio Internacional em Paris.

Dito isso, falando para leitores brasileiros que participam de um curso introdutório à arbitragem, parece preferível sugerir que escolham seus Centros e organizem seus procedimentos de modo a contar não só com as instalações, mas com o apoio da instituição de arbitragem na organização das audiências.

3.4   O Fomento aos Métodos Adequados de Resolução de Disputas

Além de sua atuação prática nos procedimentos, os

Centros promovem os métodos adequados de resolução de disputas de diversas formas.

Os Centros organizam eventos de divulgação de seus serviços e de discussão sobre os aspectos teóricos e práticos dos métodos adequados de resolução de disputas. Esses eventos atingiram um grau de profissionalização bastante elevado e podem congregar milhares de pessoas.

Outras ações também podem ser animadas por grupos de jovens organizados pelos Centros a fim de promover estudos e atividades relacionadas com os métodos adequados. Exemplos desses grupos são o ICC *Young Arbitrators' Forum*[145], o grupo *Young and International* do Centro Internacional para Resolução de Disputas ("ICDR")[146], o grupo *Young Attorneys in Dispute Resolution* ("Y-ADR") do *International Institute for Conflict Prevention and Resolution* ("CPR")[147], o grupo Innovarb da Amcham[148], o Camarb Jovem da Câmara de Mediação e Arbitragem Empresarial – Brasil ("Camarb")[149], o *New Generation* CAM-CCBC[150] e o Comitê de Jovens Arbitralistas do Centro Brasileiro de Mediação e Arbitragem ("CBMA")[151].

Mais do que discussões teóricas, o calendário anual de eventos recorrentes inclui simulações para estudantes, as quais visam capacitar as novas gerações a utilizarem os métodos adequados. São exemplos a Competição Brasileira de Arbitragem e Mediação Empresarial promovida pela Camarb[152], que se encontra na 11ª edição e o *Willem C. Vis International Commercial Arbitration Moot*[153], realizado anualmente em Viena na Áustria e em Hong Kong na China, no qual estudantes debatem um caso simulado utilizando as regras de arbitragem de uma instituição internacional diferente a cada ano e, no mérito, a Convenção das Nações Unidas sobre a Compra e Venda Internacional de Mercadorias.

Esse viés de promoção também se traduz na organização de programas de estágio pelos centros de resolução de disputas, alguns deles bastante concorridos como os programas da CCI e dos centros de arbitragem brasileiros. Além disso, os Centros podem oferecer bolsas de estudos apoiando pesquisas ou mesmo patrocínios visando ao custeio de despesas de estudo e de participação nas competições de arbitragem.

Algumas instituições, como a Câmara de Arbitragem do Mercado ("CAM B3") publicam ementários das decisões por elas proferidas ou mesmo as decisões com os nomes das partes omitidos. Isso viabiliza pesquisas e mesmo a formação de jurisprudência nas matérias decididas pelos tribunais arbitrais.

3.5   O Que os Centros Não Fazem

Para concluir este capítulo, parece interessante inverter a perspectiva e listar algumas atividades que os Centros não fazem (ou não devem fazer).

Em primeiro lugar, os Centros não devem avaliar direitos ou oferecer comentários sobre a forma de tutelá-los. Assim, não devem oferecer consultoria jurídica, que é atividade privativa da advocacia[154]. Ainda que seus funcionários sejam solícitos em esclarecer dúvidas relacionadas ao funcionamento do Centro ou às disposições de seu regulamento, eles não respondem a perguntas relativas ao mérito da controvérsia. Por exemplo, muito embora a Lei de Arbitragem, na redação resultante da reforma de 2015, trate da interrupção da prescrição no § 2º do Art. 19[155], não cabe ao Centro informar se a instituição da arbitragem interromperá a prescrição e quando isso ocorrerá. De forma similar, não cabe ao Centro informar às partes a data de pagamento de uma condenação ou a taxa de juros aplicável nos casos em que o tribunal arbitral deixa de fixá-las na sentença. Embora esta questão seja mais polêmica, tampouco cabe ao Centro contar os prazos procedimentais ou legais aplicáveis às partes quando esses prazos não são mencionados em datas fixas. O tribunal arbitral é soberano nas decisões de mérito e eventual informação apresentada pelo Centro não o vinculará.

Em segundo lugar, vale lembrar que os Centros não resolvem por si mesmos as disputas discutidas nos procedimentos que administram. Eles ajudam na instituição e zelam pelo correto desenvolvimento das arbitragens, mas não influenciam os árbitros na tomada das decisões de mérito dos procedimentos. Algumas instituições podem realizar um escrutínio formal das decisões dos árbitros a fim de assegurar, por exemplo, que as sentenças contenham os requisitos obrigatórios listados no Art. 32 da Lei de Arbitragem[156]. Pode acontecer, por exemplo, que algum árbitro esqueça de assinar uma das vias da sentença e o Centro poderá lembrá-lo. Porém, isso está longe de significar que o Centro poderá influenciar a decisão.

Consequência relevante dessa separação de funções é a ilegitimidade do Centro para integrar o polo passivo das ações que buscam a declaração da nulidade das sentenças arbitrais proferidas por tribunais arbitrais constituídos por suas regras. Se nem os árbitros que prolataram a decisão devem integrar o polo passivo nessas ações, com muito menos razão se incluiria a instituição. Nesse sentido, a Terceira Turma do Superior Tribunal de Justiça ("STJ"), já decidiu que *"a instituição arbitral, por ser simples administradora do procedimento arbitral, não possui interesse processual nem legitimidade para integrar o polo passivo da ação que busca a sua anulação"*[157]. Salvo circunstâncias especiais, esse raciocínio também deve ser considerado nas ações em que a parte requer a prolação de sentença arbitral complementar, manejadas nos casos de decisão *citra petita*, isto é, quando o *"árbitro não decidir todos os pedidos submetidos à arbitragem"*, nos termos do § 4º do Art. 33 da Lei de Arbitragem[158].

Além disso, embora o Art. 17 da Lei de Arbitragem determine que *"os árbitros, quando no exercício de suas funções ou em razão delas, ficam equiparados aos funcionários públicos, para os efeitos da legislação penal"* e ainda que a atividade exercida pelos tribunais arbitrais seja de natureza jurisdicional, isso não implica que os Centros devam oferecer as mesmas prestações e serviços que as partes podem solicitar aos órgãos do Judiciário. Os Centros são entidades privadas. A jurisdição arbitral é exercida pelos árbitros e está limitada subjetivamente às partes que aceitaram submeter-se à arbitragem. Assim, os Centros prestam serviços às partes que a eles acorrem, estão frequentemente sujeitos a obrigações de sigilo[159], e não exercem funções públicas para terceiros[160].

Os Centros podem certificar a ocorrência de fatos e de atos processuais às partes interessadas, mas não devem fornecer todo o tipo de certidão que as partes vierem a solicitar, muito menos quando essa certidão contiver uma avaliação jurídica do procedimento. Isso impede a lavratura de certidões de "*trânsito em julgado*", por exemplo. A depender do Centro, poder-se-á certificar os atos do procedimento que indicam a conclusão da arbitragem, mas caberá às partes extrair as consequências jurídicas desses fatos, especialmente quando se trata de determinar o início da contagem do prazo de 90 dias para propositura da ação de nulidade, tal como previsto no § 1º do Art. 33 da Lei de Arbitragem[161]. De igual forma, dificilmente será possível emitir "*certidões negativas*" para terceiros que não estejam vinculados a procedimentos em curso naquele Centro.

Por fim, os Centros não recomendam árbitros. Ainda que alguns Centros publiquem listas de árbitros, cabe aos usuários definir quem irão nomear quando tem o dever de fazê-lo nos procedimentos arbitrais. Essas listas de árbitros deixaram de ser obrigatórias nos termos do § 4º do Art. 13 da Lei de Arbitragem inserido na reforma de 2015[162], não cabendo à instituição recomendar nomes específicos para indicação pelas partes. As listas de árbitros podem ser informativas para os usuários e também podem orientar a escolha do Centro quanto lhe couber indicar um profissional (em caso de revelia de uma parte, falta de consenso para escolha do árbitro único ou em caso de arbitragem multipartes), mas definitivamente não cabe ao Centro recomendar árbitros quando a nomeação cabe à parte, muito menos tentar sugerir candidatos que sejam adaptados aos argumentos daquela parte. Além de exceder as funções do Centro, tal recomendação poderia comprometer a imparcialidade do árbitro.

São essas, em apertada síntese, as atividades mais importantes que os Centros realizam e que devem evitar. A essa sumária descrição agregam-se muitas atividades desempenhadas pelos Centros e que marcam sua importância no cenário de resolução de disputas.

4.   QUEM FAZ O QUE?
A governança institucional e a busca por neutralidade

Em seu artigo sobre a Sociologia da arbitragem internacional, Emmauel Gaillard reconhece o papel desempenhado pelas instituições arbitrais (em conjunto com outros prestadores de serviço) na construção do mercado transnacional da arbitragem e na criação de um grupo social concreto, que *"partilha um entendimento comum sobre o que é a arbitragem e sobre como ela funciona"*[163]. Ainda que seus papéis possam ser equivalentes em certos aspectos, os diversos Centros se constituem de variadas maneiras e a análise de seus órgãos revela a riqueza das soluções adotadas para atender aos interesses das partes.

4.1   Presidência

Inicialmente, para desempenhar as funções que a Lei de Arbitragem (ou o regulamento) atribuem à instituição arbitral, os Centros normalmente contam com uma liderança técnica, que pode ser seu Presidente ou um órgão colegiado, como se verá a seguir.

Ainda que as decisões tomadas pelo Centro contemplem aspectos procedimentais da arbitragem, podendo em alguns casos ficar sujeitas *"ad referendum"* à confirmação pelo tribunal arbitral, essas decisões podem ser bastante relevantes, como mencionado no capítulo anterior. Assim, é importante que o Centro, por meio do órgão competente para a tomada dessa decisão, seja independente e imparcial com relação às partes.

Os regulamentos de alguns Centros confiam a seus presidentes a tarefa de pormenorizar o regulamento de arbitragem, editando regras complementares que esclarecem sua aplicação ou adaptam os serviços do Centro a novas realidades. Esse é o caso, por exemplo, da Câmara Ciesp/Fiesp[164], da Camarb[165] e do CAM-CCBC[166].

Além de exercer os deveres impostos pelos respectivos regulamentos, os presidentes dos Centros desempenham um papel simbólico de liderança, tanto na promoção das atividades do Centro, como na garantia da neutralidade e da idoneidade dos trabalhos desenvolvidos. A reputação dos Centros integra seu capital simbólico, o que, por analogia, seria uma espécie muito peculiar de *"fundo de comércio"* ou *"goodwill"* desenvolvido pelos Centros. Ela também ajuda a diferenciá-los no mercado e a influenciar a escolha dos Centros.

Delazay e Garth comentam que a escolha de árbitros pode ser influenciada pela avaliação tanto da reputação desses profissionais (a qual pode ser percebida por referência ao exercício de posições de destaque no Judiciário, na academia, na liderança em escritórios de advocacia) quanto de sua competência técnica na área da arbitragem, sendo que esses fatores variam de acordo com o sistema legal de cada jurisdição[167].

A mesma complexidade se percebe na figura dos presidentes dos Centros. Entre tais perfis, encontram-se juízes aposentados[168], professores universitários[169], arbitralistas[170] e advogados de empresas[171], cuja atuação promove a confiança do mercado na lisura dos trabalhos desenvolvidos pelo Centro. Assim, os perfis dos presidentes podem variar de acordo com a proposta de cada Centro e com os arranjos de governança por eles adotados a fim de garantir sua neutralidade.

Dito isso, são inúmeras as possibilidades de desenho institucional que servem ao propósito de preservar a neutralidade dessas instituições. Além da figura do presidente, a neutralidade também pode surgir da repartição das atribuições regulamentares entre órgãos e cargos, criando uma dinâmica de freios e contrapesos que equilibra a tomada de decisões, como acontece nos casos em que os Centros dispõem de órgãos colegiados.

4.2   Órgãos Colegiados

Centros brasileiros e estrangeiros também contam com órgãos colegiados, que podem exercer as competências regulamentares nos procedimentos ou desempenhar um papel de supervisão e consultoria estratégica.

A Corte da CCI[172] é órgão colegiado composto por 176 membros de 116 países[173], pode intervir nos procedimentos. Para tanto, existem regras que organizam a composição e as atribuições em cada caso. Por exemplo, é a Corte que realiza o exame preliminar (*prima facie*) acerca da "*existência, validade ou escopo da convenção de arbitragem*" (Art. 6 (3)), consolida arbitragens (Art. 10), aprova a Ata de Missão se uma das partes deixar de assiná-la (Art. 23), confirma a nomeação de árbitros pelas partes e nomeia árbitros na falta de nomeação (Art. 13), julga impugnações (Art. 14), fixa a sede da arbitragem em caso de indefinição (Art. 18), prorroga o prazo de prolação da sentença (Art. 31) e realiza o escrutínio da sentença (Art. 34), entre outras atribuições.

Nos Centros brasileiros, há diversas abordagens. Na Camarb, por exemplo, o Presidente atua nos procedimentos ao nomear os membros dos comitês que decidem impugnações (exceções de recusa) a árbitros, nos termos do Art. V do regulamento; porém, é a Diretoria, órgão colegiado composto por renomados arbitralistas, que nomeia o árbitro único na falta de consenso das partes (Art. 4.3), nomeia os árbitros em arbitragens multipartes se não houver acordo das partes (Art. 4.8), e decide os casos omissos (Art. 13.8.)

O Conselho Consultivo do CAM-CCBC[174] tem competência regulamentar para elaborar o questionário de conflitos de interesse e disponibilidade dos árbitros (Art. 4.6.1) e para determinar a necessidade de escolha de um árbitro de nacionalidade diferente daquela das partes (Art. 4.15), além de auxiliar o Presidente em suas atribuições (Art. 2.11). Entretanto, o Conselho Consultivo do CAM-CCBC também desempenha um papel de supervisão estratégica.

Exemplos de órgãos colegiados com papéis estratégico e programáticos são o Conselho Consultivo da Amcham[175] e o Conselho Superior da Câmara Ciesp/Fiesp[176]. Além das atribuições formalmente concedidas pelos regulamentos, esses órgãos analisam a conjuntura e evolução do mercado, discutem as experiências de aplicação do regulamento e propõem soluções, adaptações e mesmo a revisão dos regulamentos oferecidos. Esses órgãos não influenciam o julgamento dos casos, afinal isso é prerrogativa dos árbitros, mas podem analisar em tese problemas recorrentes a fim de propor adaptações aos regulamentos. Ao realizarem essa missão, esses órgãos deliberativos desenham soluções mais atrativas para os usuários, fomentam o recurso aos métodos adequados e ajudam a promover os respectivos Centros.

Além disso, os órgãos colegiados podem avaliar os candidatos aos quadros de árbitros das respectivas instituições, chancelando as competências dos profissionais cuja competência será reconhecida pela instituição para fins de orientar usuários que precisem de exemplos de profissionais que atuam nessa área. A inclusão de um profissional no quadro de árbitros não implica *per se* a possibilidade de exercer alguma outra atribuição no Centro. Em alguns casos, os membros do quadro de árbitros podem compor determinado órgão colegiado, mas isso não decorre automaticamente de sua inclusão no quadro de árbitros.

De forma similar à escolha dos presidentes, os órgãos colegiados podem ter composições variadas, mas congregam figuras de destaque em seus mercados pertinentes, também incluindo, em apertada síntese, juízes aposentados, professores, arbitralistas e advogados.

O trabalho diário nos Centros não é realizado por esses órgãos colegiados, mas sim por suas secretarias.

4.3   Secretaria

A Secretaria consiste na equipe de profissionais (advogados, bacharéis em direito ou não) que oferece assistência permanente aos procedimentos arbitrais conduzidos pelo Centro. As instituições mais ativas contam com secretariado dedicado exclusivamente para suas atividades. Isso garante a neutralidade dos profissionais atuantes nas arbitragens.

Entretanto, outros Centros poderão recorrer a profissionais que exercem ao mesmo tempo outras funções. Por exemplo, pode acontecer que os profissionais que supervisionem uma arbitragem administrada por um Centro sejam concomitantemente advogados do departamento jurídico da entidade que instituiu aquele Centro. Não havendo conexão desse profissional com as partes ou com a disputa, isso não gera maiores dificuldades. Não obstante, parece sempre preferível que o secretariado de uma instituição seja especializado e esteja integralmente dedicado a esse trabalho.

Os Centros normalmente atribuem a um profissional ou a uma equipe a função de ponto focal para cada procedimento. Assim, esse profissional sanará eventuais dúvidas das partes e poderá concentrar informações recebidas das partes, árbitros e outros profissionais atuantes na arbitragem.

Essa função não se confunde com o trabalho de secretário do tribunal arbitral. No Brasil, os Centros normalmente auxiliam os tribunais arbitrais a redigir o termo de arbitragem e os membros da secretaria do Centro podem até mesmo digitar as alterações realizadas durante a audiência de assinatura, porém sempre seguindo as instruções dos árbitros e as regras das instituições. Por outro lado, não cabe aos secretários do Centro auxiliar os árbitros na redação dos atos processuais subsequentes, como ordens processuais ou mesmo as sentenças, muito menos acompanhar ou opinar sobre as deliberações de mérito do procedimento.

Além da secretaria, outros órgãos de atuação permanente podem contribuir para as atividades dos Centros. As instituições mais sofisticadas podem dispor de profissionais dedicados ao desenvolvimento de novos negócios, organização de eventos, comunicação e *marketing*, etc.

4.4   Financeiro

Como já explicado, os aspectos financeiros das arbitragens demandam uma gestão atenta e requerem profissionais especializados.

Os Centros idôneos e bem organizados dispõem de sistemas de gestão gerencial que segrega as contas de cada procedimento, evitando a confusão entre os valores recebidos com base em diferentes arbitragens ou entre esses e as quantias por ele movimentadas em suas próprias operações (folha de pagamento, despesas operacionais, etc.).

Como a arbitragem administrada demanda a gestão de recursos alheios, cabe às partes escolher instituições qualificadas e bem estruturadas. As disputas podem surgir em qualquer momento a partir da celebração do contrato, podendo persistir demandas até o final dos respectivos prazos prescricionais.

Em suma, ao referir disputas a determinado Centro por meio da cláusula compromissória inserta em um contrato, as partes estão confiando que esse Centro ainda estará em funcionamento por um longo período de tempo, do contrário enfrentarão dificuldades para instituir a arbitragem.

Esse caráter duradouro que se espera dos Centros pode decorrer de sua organização interna ou de sua vinculação a outras entidades.

4.5   Vinculação a Outras Entidades

Diversas soluções podem ser adotadas para assegurar a solidez administrativa e financeira necessária para que o Centro possa corresponder à confiança dos usuários. Centros idôneos podem se estruturar como pessoas jurídicas independentes ou, como acontece amiúde, depender de outras instituições.

Boa parte dos Centros está vinculada a outras instituições. Sem exaurir os exemplos, a CCI é uma associação fundada em 1919 e criou a Corte Internacional de Arbitragem em 1923[177]; o CAM-CCBC está inserido na Câmara de Comércio Brasil Canada, fundada em 1973[178]; a Câmara Ciesp/Fiesp depende do Centro das Indústrias do Estado de São Paulo fundado em 1928[179]; o Centro de Arbitragem e Mediação Amcham está vinculado à Câmara Americana de Comércio para o Brasil – São Paulo, fundada em 1919[180]. Quando existe essa vinculação, normalmente a autonomia da gestão dos procedimentos arbitrais é assegurada pela governança institucional dos Centros e por seus regulamentos.

Por sua vez, a Camarb e o CBMA são pessoas jurídicas independentes. A primeira foi fundada em 1998 com o nome de Câmara de Arbitragem de Minas Gerais, estando inicialmente vinculada à Federação das Indústrias do Estado de Minas Gerais ("Fiemg"). Sua configuração atual resultou da criação, em 2000[181], de uma associação com o apoio do Sindicato da Indústria da Construção Pesada no Estado de Minas Gerais ("Sicepot/MG"), Instituto dos Advogados de Minas Gerais ("IAMG"), Pontifícia Universidade Católica de Minas Gerais ("PUC/Minas") e Fundação Dom Cabral ("FDC"). O CBMA, por sua vez, foi fundado pela Associação Comercial do Rio de Janeiro, pela Fundação Nacional das Empresas de Seguros Privados de Capitalização e de Previdência Complementar Aberta e pela Federação das Indústrias do Estado do Rio de Janeiro[182].

A existência desses gigantes institucionais não tem impedido a criação de outros Centros com configurações distintas. O Conselho Nacional das Instituições de Mediação e Arbitragem ("Conima") conta atualmente com dezenas de associados com diferentes estruturas jurídicas e distribuídos entre 17 estados da federação, dos quais seis conduzem seus trabalhos no ambiente virtual[183].

5.   CONCLUSÃO

As partes não precisam necessariamente recorrer aos centros de resolução de disputa para resolverem seus conflitos por meio de arbitragem. Porém, ao fazê-lo, poupam esforços com a organização do procedimento e evitam cometer erros decorrentes da inexperiência. Em última análise, os Centros contribuem para que o investimento surta o efeito esperado.

O grau de profissionalização dos Centros mencionados neste artigo demonstra a sofisticação do mercado de resolução de disputas. Sabendo-se que as partes estão premidas para reduzir custos, não se pode deixar ao acaso a solução dos eventuais problemas surgidos na execução de contratos. Ainda que os custos de resolução de disputas não tenham o mesmo peso do investimento necessário para o adimplemento das obrigações, esses custos afetam a rentabilidade das iniciativas econômicas. Dessa forma, a disponibilidade de serviços confiáveis para a resolução de disputas reforça a previsibilidade dos contratos e das operações econômicas por eles reguladas, reduzindo custos de transação e contribuindo para uma maior eficiência e lucratividade no ambiente de negócios.

A diversidade de Centros decorre exatamente das diferentes clientelas que são atendidas em cada instituição. Considerando as variadas opções disponíveis, cabe aos usuários da arbitragem (e especialmente aos advogados que os orientam) escolher de forma consciente e informada a alternativa mais adaptada para cada negócio.

.VII. VIDA REAL: A VIABILIZAÇÃO DO FINANCIAMENTO DE ARBITRAGENS

Marianna Falconi Marra[184]
Renata Szczerbacki Setton[185]

RESUMO: Este artigo objetiva analisar brevemente os principais aspectos teóricos e práticos que envolvem o financiamento de arbitragens por terceiros. Após um panorama inicial do contexto em que se desenvolve e consolida o instituto no Brasil, busca-se expor a situação mais comum que dá ensejo à procura por essa modalidade e financiamento, qual seja, a situação de impecuniosidade. Demonstra-se como, neste caso, o financiamento de litígios pode ser uma solução palpável para evitar o embate entre os princípios do acesso à Justiça e da força obrigatória dos contratos. Em seguida, pretende-se elucidar o conceito de financiamento de arbitragens, bem como as vantagens que tornam esse recurso atrativo não só para a parte financiada, mas para todo o sistema arbitral. Procura-se, ainda, dar contornos gerais sobre como funciona, na prática, o procedimento de avaliação e precificação do litígio, etapas precedentes à tomada de decisão pela concessão do financiamento pelo investidor. Por fim, são traçados alguns temas relevantes que surgem após a disponibilização do financiamento, relacionados aos potenciais impactos da presença do financiador no procedimento arbitral. O exame do primeiro deles impende indagar se existiria a necessidade de revelação da existência do financiador no processo e qual seria a sua extensão. Em segundo lugar, abordam-se discussões a respeito da influência do financiador sobre a alocação de custos do procedimento.

ABSTRACT: This article aims to briefly analyze the main theoretical and practical aspects that involve the funding of arbitrations by third parties. After an initial overview of the context in which the institute is developed and consolidated in Brazil, we seek to expose the most common situation that gives rise to the demand for this type of funding, that is, the situation of impecuniousness. It shows how, in this case, litigation funding can be a tangible solution to avoid the clash between the principles of access to justice and the pacta sunt servanda. Then, it is intended to elucidate the concept of funding arbitrations, as well as the advantages that make this resource attractive not only for the funded party, but for the entire arbitration system. It also seeks to give general outlines about how the litigation assessment and pricing procedure works in practice, steps preceding the decision to grant funding to the investor. Finally, some relevant themes are outlined that arise after the funding is made available, related to the potential impacts of the financier's presence in the arbitration procedure. The examination of the first one is to ask if there would be a need to reveal the existence of the funder in the process and what would be its extent. Second, discussions about the influence of the funder on the allocation of costs of the procedure are addressed.

Considerações finais.

1. UMA BREVE INTRODUÇÃO

A arbitragem é um método de solução de disputas que proporciona diversas vantagens para as partes, especialmente por imprimir maior eficiência ao procedimento, bem como possibilitar a prolação de decisões mais técnicas, por árbitros especializados e de confiança das partes, investidos de poderes para decidir com exclusividade o litígio posto. Quando comparada ao processo judicial, diversos são os benefícios da escolha pela via arbitral. A título exemplificativo: (i) celeridade, (ii) flexibilidade, (iii) especialização técnica dos julgadores e (iv) confidencialidade.

Por consistir em meio privado de resolução da lide, a arbitragem possui um regime financeiro particular em que o custeio da totalidade das despesas do procedimento deve ser realizado pelas partes, distinto do Poder Judiciário, cujas custas são subsidiadas pelo Estado. Justamente por isso, em cotejo com o processo judicial, a escolha pela jurisdição arbitral costuma exigir o dispêndio de volumosos recursos pelas partes, a fim de viabilizar a instauração e o regular desenvolvimento do procedimento.

A partir de uma análise econômica, e não apenas sob a ótica do desembolso pecuniário necessário para o pagamento das despesas, vê-se que não necessariamente o procedimento arbitral é, afinal de contas, mais caro do que o processo judicial. Aliás, a comparação entre os custos de transação envolvidos num e outro meio também tem incentivado a resolução de conflitos através da arbitragem.

De todo modo, não é raro que as partes pactuem a cláusula compromissória e, ao longo do tempo, deixem de ter a condição financeira necessária para arcar com os custos do procedimento. Considerando que, uma vez escolhida a arbitragem, a parte é obrigada a levar a disputa à jurisdição arbitral, torna-se imprescindível entender os possíveis caminhos a serem seguidos pela parte que abdicou da jurisdição estatal, mas não dispõe de recursos econômicos para custeio das despesas da arbitragem.

Como alternativa à falta de capital, uma das principais soluções incorporadas pela prática para assegurar o acesso à Justiça garantido constitucionalmente é o financiamento de arbitragens por terceiros, conhecido como *third-party funding*.

Nos últimos anos, a utilização do financiamento de arbitragens tem aumentado consideravelmente no Brasil, e as circunstâncias são amplamente favoráveis para que esse instituto se desenvolva cada vez mais. Segundo dados divulgados pela Câmara de Comércio Internacional (CCI)[186], o Brasil é, hoje, o país que mais utiliza a arbitragem como meio de resolução de conflitos na América Latina, representando cerca de 35% do número total de partes dos procedimentos arbitrais perante ela instaurados. E, mais ainda, o país também alcançou, pelo segundo ano consecutivo, a terceira posição no *ranking* geral do número de partes das arbitragens CCI, atrás apenas dos Estados Unidos e da França.

Esses números apenas comprovam que o mercado brasileiro representa solo fértil para o crescimento da celebração de cláusulas arbitrais. Não à toa, todas as mais recentes mudanças legislativas brasileiras referentes à arbitragem foram no sentido de aumentar a arbitrabilidade subjetiva (*quem pode participar da arbitragem*) e a arbitrabilidade objetiva (*o que pode ser objeto da arbitragem*). É o que se extrai da alteração à Lei nº 9.307/96 (Lei de Arbitragem) trazida pela Lei nº 13.129/15, para prever expressamente a participação de entes da Administração Pública direta e indireta em procedimentos arbitrais[187], bem como da reforma trabalhista[188], que possibilitou a inclusão de cláusulas compromissórias em determinados contratos individuais de trabalho[189].

Outro importante fator para o desencadeamento desse processo é o crescente apoio do Poder Judiciário ao uso da arbitragem, por meio de decisões favoráveis ao instituto, proferidas pelo Superior Tribunal de Justiça e pelos Tribunais de Justiça Estaduais - muitos dos quais criaram, inclusive, varas e câmaras especializadas para o julgamento de processos decorrentes da arbitragem[190].

Somada a isso, a recessão econômica vivenciada pelo Brasil nos últimos anos tem como efeito não só o potencial descumprimento de obrigações assumidas pelas empresas - o que gera um aumento do número de litígios - como também o impulsionamento na demanda de empresas por capital para arcar com os custos processuais. Essa situação se acentua, principalmente, no cenário atual de grave crise ocasionada pela pandemia da COVID-19, com repercussão em cheio sobre os negócios jurídicos previamente firmados e impacto inimaginável no caixa das companhias.

Como se nota, a perspectiva de constante expansão do uso da arbitragem no ordenamento jurídico brasileiro, aliada à situação econômica do país e à falta de caixa de empresas, cria um ambiente propício para a atuação de terceiros dispostos a financiar as disputas arbitrais, o que contribuiu, inclusive, para a criação, em 2016, do primeiro fundo de investimentos nacional especializado e estruturado para esse tipo de ativo, pela Leste Litigation Finance[191].

Em curto espaço de tempo, o financiamento de arbitragens por terceiros se tornou um investimento cobiçado por fundos e bancos que pretendiam diversificar suas carteiras, sobretudo pela ausência de correlação direta com outras classes de ativos, bem como por oferecer altas taxas de retorno aos investidores, aptas a remunerar os elevados riscos assumidos pelo financiador.

Traçado todo esse panorama, faz-se relevante enfrentar o tema do financiamento de arbitragens em algumas de suas principais nuances e implicações, já que, inegavelmente, integra a realidade prática dos procedimentos arbitrais.

2.   A IMPECUNIOSIDADE NA ARBITRAGEM

Convencionou-se chamar de impecuniosidade na arbitragem a situação em que uma parte não possui recursos financeiros suficientes para instauração ou prosseguimento do procedimento arbitral. Como bem colocado por Thiago Cabral, trata-se de alegação que, à luz da boa-fé objetiva, deve ser analisada levando em consideração as circunstâncias do caso concreto, não só a partir da comprovação do estado de penúria financeira, mas também da demonstração de que a parte envidou esforços para tentar adimplir as obrigações advindas da cláusula arbitral[192].

Isso para evitar que o argumento de insuficiência de caixa possa ser utilizado, disfuncionalmente, como tática de guerrilha para frustrar a arbitragem. Explica-se: no âmbito das arbitragens institucionais, os regulamentos das câmaras arbitrais normalmente estabelecem que as custas serão repartidas entre os polos ativo e passivo da arbitragem, sendo certo que, se uma parte não paga o que lhe cabe, a outra deve arcar com a integralidade dos custos para permitir a manutenção do procedimento arbitral. Essa estipulação, combinada com a previsão, geralmente presente nos regulamentos, de que a falta de pagamento das custas enseja a suspensão e posterior extinção do processo, pode fazer com que a parte requerida se valha da falta de recursos econômicos do *ex adverso* para deixar de pagar a parcela a ela atribuída, na esperança de que a arbitragem seja então extinta.

O que está em jogo, aqui, são os efeitos que, no plano da eficácia, decorrem da convenção de arbitragem. De um lado, o efeito positivo impõe que as partes utilizem a via arbitral para solucionar os seus conflitos, à luz do princípio da força obrigatória dos contratos. Também decorre do efeito positivo da cláusula o princípio da competência-competência, disposto no art. 8º, parágrafo único da Lei 9.307/96, que outorga ao árbitro o poder para, em primeiro lugar, decidir sobre a sua própria jurisdição. De outro lado, o efeito negativo da convenção de arbitragem implica o afastamento da competência estatal, pelo que o Poder Judiciário, a princípio, não poderia ser veículo para solucionar qualquer controvérsia abarcada pela cláusula compromissória.

Nesse cenário, se é verdade que a parte desprovida de recursos não conseguirá ver instaurada a arbitragem para solucionar o seu litígio, como se viu, também é certo que, por força dos efeitos da escolha da via arbitral, o Juízo estatal, como regra, estará impedido de analisar a demanda. Há, assim, evidente tensão entre o princípio da força vinculante dos contratos, notadamente no que foi pactuado entre as partes por intermédio da cláusula compromissória (*pacta sunt servanda*) e o princípio constitucional de acesso à Justiça, insculpido no art. 5º, XXXV da Constituição Federal.

Surge, então, a indesejável circunstância de a parte não poder perquirir a tutela jurisdicional sobre um direito lesado, o que não deve ser admitido. De modo a solucionar esse grande dilema, o mecanismo do *third-party funding* permite que a parte com um bom direito tenha acesso aos recursos necessários para viabilizar a instauração e/ou manutenção da arbitragem, evitando assim o conflito entre tão caros princípios.

3. O FINANCIAMENTO DE ARBITRAGENS POR TERCEIROS

3.1. Características principais

Em linhas gerais, pode-se definir o *third-party funding* como um método alternativo de financiamento por meio do qual um terceiro sem qualquer ligação com a arbitragem - geralmente um fundo de investimento ou outra instituição financeira - arca com a totalidade ou parte dos custos necessários para instaurar ou manter em curso um processo arbitral e, em contrapartida, recebe uma parcela do benefício econômico auferido pela parte financiada em caso de eventual sentença favorável ou acordo com a parte adversa.

Trata-se, portanto, de modelo de investimento *non recourse*, o que significa dizer que o resultado do *funder* está integralmente atrelado ao êxito na arbitragem. Embora o financiamento de litígios possa assumir uma multiplicidade de formatos negociais, em caso de sucesso no processo, o investidor em geral recebe o reembolso do capital efetivamente investido, remunerado a uma taxa predefinida, além de um prêmio, que normalmente equivale a (i) uma porcentagem incidente sobre o resultado financeiro da causa ou (ii) um múltiplo do capital comprometido para o custeio da arbitragem, tudo a depender do contrato firmado.

Quanto ao objeto do financiamento, de modo geral, os custos financiados são aqueles relacionados com a arbitragem, como as custas da instituição arbitral que administra o procedimento, os honorários dos árbitros, as despesas com a perícia e com a audiência, os honorários advocatícios, dentre outros necessários para o bom desenvolvimento do processo arbitral.

Usualmente, o financiador fornece os recursos econômicos no decorrer do procedimento, à medida da necessidade, via pagamento por conta e ordem do financiado. Não é comum que o terceiro investidor transfira de imediato a totalidade do investimento à parte financiada, seja porque financeiramente não faz sentido para o *funder* adiantar todo o capital acordado de uma só vez, seja para evitar a utilização da quantia recebida para finalidades alheias ao procedimento arbitral.

A título de exemplo prático, imagine-se uma disputa arbitral cuja quantificação estimada dos pleitos da parte financiada equivale a R$ 30 milhões e a provisão estimada dos custos necessários para o desenrolar da arbitragem corresponda a R$ 2 milhões. Suponha-se que, nesse caso, foi acordado entre a parte e o financiador um prêmio de 30% sobre o eventual retorno financeiro obtido com o futuro laudo arbitral. Se os pedidos da parte financiada forem julgados improcedentes em sua totalidade, nada será devido ao *funder*, que perderá a integralidade do investimento realizado. Por outro lado, caso os pleitos do financiado sejam julgados parcial ou totalmente procedentes, a parte financiada receberá 70% do valor da condenação sem que tenha sofrido qualquer impacto em seu caixa, pois nada desembolsou. Noutras palavras, ao optar pelo *third-party funding*, a parte financiada diluiu os riscos atrelados ao litígio, e ainda manteve a expectativa de recebimento proporcional da quantia condenatória.

3.2.   Vantagens do *third-party funding*

Não é difícil vislumbrar os motivos pelos quais a adesão ao financiamento por terceiros traz indiscutíveis proveitos ao processo arbitral, notadamente para a parte financiada. Os benefícios dessa prática, contudo, vão além das partes do litígio, e permeiam a própria consolidação do sistema arbitral como um todo.

A primeira e mais óbvia vantagem do *third-party funding* reside na disponibilização de recursos financeiros para o financiamento de um pleito com razoáveis chances de êxito, que não poderia ser perseguido por falta de fundos. Mais do que isso, o financiamento de litígios inquestionavelmente exerce papel primordial na promoção do acesso à Justiça aos litigantes que, sem esse mecanismo, não conseguiriam buscar a efetivação de seus direitos ou se defenderem nas demandas contra eles propostas.

Como se sabe, a efetiva concretização do princípio do

acesso à Justiça caminha ao lado da imprescindível mitigação de eventual desequilíbrio existente entre as partes e, nesse sentido, o financiamento por terceiros fornece meios eficientes para garantir paridade de armas à parte economicamente vulnerável. Com efeito, esse instrumento viabiliza a conexão aos escritórios de advocacia mais qualificados do mercado, a produção de opiniões e pareceres jurídicos, o deslocamento e hospedagem de testemunhas, contribuindo, em última análise, para uma instrução mais rica do Tribunal Arbitral acerca da demanda.

Além de alternativa para a parte que não possui condições financeiras, o financiamento de arbitragens possui largo espectro como estratégia para gestão de fluxo de caixa e diluição de riscos jurídicos de uma companhia financeiramente saudável. É preciso ter em mente que litigar envolve não só a alocação de valores pecuniários, mas também custos imateriais - como o custo do tempo e custo de oportunidade -, bem como diversos riscos, notadamente o de obtenção de uma sentença desfavorável e perda total da quantia aportada. Ao buscar o financiamento, portanto, a empresa compartilha os seus riscos e, ainda, consegue desbloquear o seu caixa para outras finalidades, mais afetas ao seu ramo de negócio, e não para investir em disputas jurídicas.

Outra vantagem da utilização do financiamento de arbitragens consiste na possibilidade de associação a um player com *know-how* em arbitragens, que agrega valor ao caso e contribui para potencializar as probabilidades de êxito da demanda. A propósito, ao realizar o investimento em alguma disputa, o financiador muitas vezes se torna uma espécie de sócio e terceiro interessado no resultado processo, buscando maximizar o retorno do capital investido. Há, assim, um total alinhamento de interesses entre financiador e financiado, que convergem para a extração dos melhores resultados do litígio posto.

Como existe total vinculação do retorno do *funder* ao sucesso do procedimento investido, é de se notar que todos esses benefícios vêm desacompanhados da imposição de encargos financeiros adicionais à parte que busca o financiamento. Essa característica distancia o *third-party funding* de outros meios de obtenção de recursos, como o empréstimo bancário, que deve ser reembolsado à instituição mutuante, acrescido dos juros acordados, independentemente do resultado da arbitragem.

Por último, na qualidade de verdadeiro filtro meritório, o financiamento de arbitragens ainda provê uma avaliação isenta sobre as chances de sucesso da demanda, uma vez que o financiador certamente não realizará o investimento caso sejam baixas as probabilidades de êxito do litígio. Nesse sentido, é falacioso o argumento de que essa prática poderia provocar um aumento do volume de disputas frívolas ou temerárias, sendo certo que o *third-party funding*, em verdade, afasta a pretensão de litigantes aventureiros.

Ao fim e ao cabo, conclui-se que o financiamento por terceiros representa instrumento fundamental para a democratização do uso da arbitragem no Brasil, favorecendo à concretização de tão eficaz meio de resolução de disputas.

3.3. A prática: procedimento de avaliação e precificação do litígio pelo financiador

A sociedade atual busca, em todas as searas, desenvolver meios para mensuração, ponderação e administração de riscos inerentes à determinada atividade, o que faz com que esses riscos, ao menos estimados, possam ser objeto de negociações comerciais.

O processo de avaliação dos direitos creditórios decorrentes de arbitragens requer a combinação de *expertise* jurídica e de gestão financeira, direcionada à captação dos diversos fatores de risco que interferem na tomada de decisão do financiador acerca da realização do investimento no litígio. Nesse sentido, não há dúvidas de que qualquer *funder* respeitado no mercado deve possuir um procedimento de análise formal e seguro a ser observado, desde a originação do ativo até a decisão pela concessão do financiamento.

Num primeiro momento, para viabilizar o exame do caso levado ao financiador, normalmente é firmado um Acordo de Confidencialidade[193] com o titular do direito de crédito, de modo a resguardar as partes acerca de eventual sigilo das informações e documentos a serem compartilhados, necessários para dar início ao procedimento de análise.

Em seguida, o caso perpassa por minuciosa *due diligence*, com estudo aprofundado da disputa jurídica e todas as suas facetas, de modo a permitir uma avaliação detalhada e consistente acerca da probabilidade de êxito da pretensão autoral e a correspondente quantificação razoável de cada pedido. Comumente, essa averiguação se faz a partir do exame do conjunto de fatos e robustez das provas já produzidas até então, bem como da legislação, jurisprudência e doutrina aplicáveis ao tema em questão.

Integram o cálculo dos riscos de um investimento, ainda, diversos outros fatores, tais como o valor em disputa, a natureza do litígio, a duração, a previsibilidade das etapas processuais, a situação financeira do cedente, a capacidade de crédito e liquidez da contraparte, histórico litigioso da contraparte, a experiência dos advogados, a forma de realização do ativo - a envolver não só a jurisdição competente para dirimir o conflito, como também o potencial para localização de bens aptos a satisfazerem eventual condenação -, a chance de perda integral do investimento, o risco reputacional, o custo do capital e o custo de oportunidade do financiador.

Após o procedimento de análise do caso, o financiador deve ter um processo de formação do preço que avalia as características principais da disputa e estima o valor presente correto de cada litígio. Como se vê, a complexidade dos elementos de risco atinentes ao mercado de financiamento de litígios demanda um *funder* especializado e capacitado para, através de um procedimento seguro e de profissionais experientes, sopesar e calcular todos os riscos envolvidos e extrair a precificação adequada de cada ativo jurídico.

De posse de pormenorizada avaliação jurídica e de crédito, bem como da correta precificação do litígio, o investidor detém os elementos adequados a permitir uma decisão prudente acerca da disponibilização do financiamento. Naturalmente, as taxas de retorno do investimento aplicadas pelo financiador são diretamente proporcionais aos riscos por ele assumidos, que variam de acordo com as peculiaridades de cada caso. Por apresentaram altíssimos potenciais de retorno, vultosos recursos de investidores vêm sendo atraídos para aplicação em ativos jurídicos.

3.4.   Temas relevantes

Expostos os principais aspectos que interferem na decisão do financiador de investir, cumpre abordar de que maneira, após a concessão do financiamento, a existência do financiador se insere dentro da realidade do procedimento arbitral. É o que passa a se fazer.

3.4.1.   A revelação do financiamento

Muito se questiona sobre a existência de uma obrigação de a parte financiada divulgar a celebração do contrato de financiamento. Isso se dá, principalmente, pelo fato de que, embora algumas diretrizes e resoluções abordem o assunto[194], não há, no Brasil, uma lei ou norma cogente específica para tratar do tema – o que, conforme será visto mais à frente, não necessariamente se configura como um problema. Desde logo, portanto, é importante destacar que há uma diferença quando se fala na *obrigação* ou na *recomendação* de revelar a existência do financiamento. O tratamento do assunto perpassa, necessariamente, pela análise conceitual de alguns pontos para, então, traçar conclusões pertinentes e práticas sobre a questão da revelação do financiamento.

Antes de mais nada, distingue-se o dever de revelação presente na Lei de Arbitragem, aplicável aos árbitros, do dever de revelação da parte sobre a existência de um financiador. Enquanto o dever de revelação do Tribunal Arbitral consiste em verdadeira *obrigação*, eis que é norma cogente, prevista em lei, a revelação da parte acerca do financiamento constitui uma *recomendação*, visto que, apesar de não ser legalmente exigível, deve ser seguido e respeitado para o bom desenrolar do procedimento arbitral.

Considerando, então, que a parte deve revelar a existência do contrato de financiamento, a questão subsequente a ser abordada reside na extensão dessa revelação. Em outras palavras, é necessário identificar *quando*, *o que* e *a quem* essa revelação deve ser feita.

Sobre o primeiro ponto (o "quando"), é preciso ressaltar que o mais relevante conflito de interesses que poderia surgir quando da existência de um financiador no procedimento se dá entre os árbitros e esse terceiro, que não é parte do procedimento arbitral. Esse especial destaque se justifica na medida em que o financiamento pode influenciar diretamente na escolha do Tribunal Arbitral, de forma a garantir a sua independência e imparcialidade[195].

A independência e a imparcialidade, por sua vez, são asseguradas na formação do Tribunal através do chamado "dever de revelação", conceito presente no art. 14, §1º da Lei de Arbitragem[196]. Esse dever está, na sua essência, profundamente ligado ao dever de boa-fé, e o respeito a ele garante ao máximo que o Tribunal Arbitral será formado da maneira mais equidistante possível das partes do procedimento e das pessoas a elas relacionadas.

Compreende-se, sem maiores divergências, que os árbitros apenas têm como revelar as situações impeditivas de sua investidura que são de seu conhecimento. Portanto, para que o Tribunal Arbitral avalie se há algo a ser revelado em relação ao financiador da causa, ele, por óbvio, precisa ter ciência do contrato de financiamento. Daí se concluir, a princípio, que quanto antes essa informação for franqueada, mais rapidamente os árbitros poderão fazer a checagem de conflito em relação ao terceiro financiador, e menor impacto haverá sobre o curso do procedimento.

Não se perca de vista que o dever de revelação perdura durante toda a existência do procedimento, de modo que também cumpre aos árbitros notificar às partes acerca de acontecimentos supervenientes ao início do procedimento que, por algum motivo, entendem prejudicar a sua independência ou imparcialidade. Consequentemente, as partes possuem um compromisso com a lealdade e a boa-fé processual de informar aos árbitros caso ocorram quaisquer mudanças substanciais nos fatos conhecidos no início do procedimento, sob pena de, inclusive, potencial anulação da sentença arbitral[197].

E, de fato, há muitas situações em que o contrato de financiamento é pactuado após a formação do painel julgador, o que em nada afeta a orientação de que as partes devem revelar a sua existência o quanto antes, para que os árbitros possam analisar quaisquer impedimentos. Afinal, não há óbice ou limite temporal que impeça para a parte de buscar o financiamento no curso da arbitragem.

Todavia, não se pode ignorar a possibilidade de que, no procedimento arbitral, uma das partes se valha do financiamento de terceiros para tentar gerar um mal-estar para os árbitros, criando fictamente, e *a posteriori*, um conflito que não existia no momento da formação do Tribunal Arbitral. No caso de uma das partes, munida de má-fé, deliberadamente buscar um financiador que saiba trazer um conflito de interesses ao processo, entende-se que cabe ao árbitro condená-la nas penas aplicáveis àquele que causou o tumulto processual, nos termos da lei ou do regulamento aplicável ao procedimento. Contudo, é importante destacar que o Tribunal não tem competência para declarar a nulidade ou extinção do contrato de investimento.

Já o segundo ponto, qual seja, "o que" deve ser objeto de revelação, basicamente se resume à compreensão de qual tipo de informação precisa ser revelada. De forma geral, há três principais níveis diferentes de informações a serem fornecidas no tocante à extensão da revelação, consistentes (i) na revelação apenas da identidade do financiador, (ii) no resumo dos termos fundamentais do contrato de financiamento e (iii) na íntegra do contrato de financiamento.

Comunga-se do entendimento de que, como a revelação serve essencialmente para fins de verificação de impedimento e imparcialidade dos árbitros, nada além da identidade do financiador é pertinente para essa aferição. Não há justificativa plausível para a determinação de abertura de termos comerciais da operação firmada, que em nada interferem na averiguação dos árbitros. Ocorre que, para os atores do mercado do investimento em arbitragens – inclusive para as próprias partes financiadas – muitas vezes se mostra fundamental o resguardo dos termos da negociação comercial, os quais podem incluir até informações que envolvem sigilo bancário, cujo compartilhamento é vedado por lei.

O último ponto a respeito da extensão do contrato de financiamento se refere ao sujeito para "quem" essas informações devem ser fornecidas, quer dizer, se (i) apenas para o Tribunal Arbitral – ou à secretaria da Câmara responsável pela administração da arbitragem, caso ainda não tenha sido constituído ou (ii) ao Tribunal Arbitral e também para a contraparte. Para os defensores da primeira hipótese, caberia ao Tribunal decidir sobre compartilhar ou não as informações com a outra parte no procedimento.

Frisa-se que a falta da revelação por parte da parte financiada não gera, por si só, uma nulidade da sentença arbitral posteriormente proferida. Para tanto, será necessário que a parte interessada em anular a sentença prove o efetivo prejuízo do referido descumprimento, demonstrando o conflito de interesses entre um dos árbitros e o financiador. Afinal, não há que se falar em nulidade sem a demonstração de concreto prejuízo a uma das partes (*pas de nullité sans grief*).

Por fim, é preciso recordar que a arbitragem consiste em meio privado de resolução de disputas, em certa medida caracterizado pela busca, por todas as pessoas envolvidas no procedimento, de uma contrapartida financeira dali advinda. Fato é que o interesse do terceiro financiador na demanda é meramente econômico. Para esse financiador não faria sentido ver a sentença arbitral anulada (e muito menos concorrer para isso!), com o indesejado efeito de postergar o recebimento do prêmio ou, pior, até perder todo o dinheiro alocado naquele procedimento. É justamente por esse motivo que, até hoje, o mercado logrou êxito em se autoajustar e se adaptar, de forma orgânica, à presença do terceiro financiador no procedimento.

3.4.2. A alocação dos custos

A Lei de Arbitragem, em seu art. 27, previu que a "*sentença arbitral decidirá sobre a responsabilidade das partes acerca das custas e despesas com a arbitragem, bem como sobre verba decorrente de litigância de má-fé, se for o caso, respeitadas as disposições da convenção de arbitragem, se houver*".

A propósito da flexibilidade do procedimento e do consensualismo que o rege, se a lei material e a lei procedimental aplicáveis ao caso não impuserem quaisquer limites, as partes têm, basicamente, três opções para determinar a alocação dos custos na arbitragem: podem (i) optar por deixar tal decisão a cargo do Tribunal Arbitral, (ii) adotar as regras da instituição arbitral ou (iii) criar as suas próprias regras, impondo e flexibilizando limites conforme desejarem.

Nota-se que a Lei de Arbitragem, no entanto, não detém um termo específico para tratar de modo uniforme e amplo dos custos do procedimento arbitral, ora utilizando a expressão "*despesas da arbitragem*" (art. 11, V; art. 13, §7º), ora se valendo de "*custas e despesas com a arbitragem*" (art. 27, citado acima). Foi assim que eclodiu uma pequena divergência doutrinária sobre o significado de cada termo, na qual José Roberto de Castro Neves põe fim ao ensinar que "*as custas são aqueles gastos administrativos comuns às partes com a instauração e desenvolvimento do procedimento arbitral*", enquanto "*as despesas são aqueles gastos particulares, desembolsados pelas partes para o bom acompanhamento da arbitragem*"[198].

Essa questão ganha maior relevo no universo da alocação dos custos, influenciado também pela existência de um financiador no processo. Normalmente, no contrato de financiamento, as partes contratantes acordam a cobertura de todas as custas e despesas relacionadas ao procedimento arbitral. Mas nada impede que, no caso concreto, *funder* e financiado optem, no âmbito da autonomia privada, por incluir no contrato apenas as custas, apenas as despesas, ou ambas.

Uma dúvida que pode surgir na prática, em relação aos custos do procedimento, envolve o pagamento da sucumbência pelo financiador. De uma maneira geral, e seguindo a lógica das várias outras questões aqui expostas, é preciso lembrar que a discussão acerca dos custos da arbitragem, em específico o seu eventual financiamento, ocorre, essencialmente, no âmbito de relação privada.

Sendo assim, prevalece sempre o princípio da autonomia da vontade, do qual decorre que, da mesma forma que as partes têm a liberalidade de optar à qual câmara (e, consequentemente, às quais custas) irão submeter seu litígio, a parte financiada e o *funder* também podem pactuar livremente os termos comerciais do contrato de financiamento. Isso significa que essas mesmas partes possuem liberdade para celebrar entre si as condições do pagamento da sucumbência, podendo essa obrigação ser atribuída, contratualmente, a uma ou a outra.

A discussão se torna um pouco mais controversa nos casos em que, ausente a assunção desse custo pelo *funder*, a parte financiada, derrotada no procedimento, não consegue suportar as custas sucumbenciais. Decorre de princípios processuais basilares que o financiador não figura como parte na arbitragem e, nesse sentido, é tecnicamente impossível que possa sofrer os ônus da sucumbência, o que somente seria viável com expressa pactuação entre as partes nesse sentido[199]. Exatamente por isso, ainda que de forma excepcional, há quem entenda que a responsabilização do financiador pelo pagamento dessas custas poderia ocorrer apenas em hipóteses específicas nas quais existisse prova efetiva de controle direto do financiador sobre a demanda e, assim, acabasse ele por ter, efetivamente, um comportamento como se parte fosse.

De toda forma, ainda que assim se admita, é certo que o Tribunal Arbitral não exerce jurisdição sobre o financiador e, portanto, não poderá condená-lo diretamente a suportar a sucumbência. Em assim sendo, para que esse entendimento fosse aplicado, necessário seria que a situação do financiador fosse caracterizada por alguma das teorias de extensão dos efeitos subjetivos da cláusula, para que os árbitros, sobre esse terceiro, pudessem ter jurisdição.

Ainda no campo de interlocução entre o financiamento de arbitragens e a alocação dos custos, surge outra questão interessante no que toca à possibilidade de inclusão dos gastos tidos com o financiamento como custos da demanda a serem reembolsados pelo perdedor a título sucumbencial, caso o resultado da arbitragem seja favorável à parte financiada. A controvérsia em torno desse tema deve ser analisada por dupla perspectiva. De um lado, pela própria lógica da sucumbência, faz sentido que a parte vencedora não tenha qualquer ônus financeiro com a instauração do procedimento. De outro lado, impor esse custo à parte perdedora significa fazê-la pagar por valores que fogem totalmente do seu controle, já que não participou do contrato de financiamento e sequer teve acesso ao percentual que foi cedido ao *funder*[200]. Como o contrato de financiamento não é ligado ao procedimento arbitral em si, isso poderia gerar uma perigosa discussão sobre a extensão da revelação dos termos do financiamento, de modo que a parte não financiada certamente exigiria todo o detalhamento do financiamento tão logo fosse revelado na arbitragem, o que poderia inviabilizar a própria prática do financiamento.

Por fim, o último grande tema concernente aos custos da arbitragem na pendência de um terceiro financiador diz respeito ao chamado *security for costs*. De forma geral, este termo remete a uma decisão cautelar proferida pelo Tribunal Arbitral, normalmente através de ordem processual, determinando o depósito, por uma das partes (aqui, a parte financiada), de valor suficiente para garantir o adimplemento das futuras custas sucumbenciais, ao final do procedimento, caso a parte reste vencida.

A discussão costuma envolver a premissa equivocada de que a busca pelo financiamento apenas decorre da situação de insolvência ou impecuniosidade da parte, que assim poderia não ser capaz de arcar com os custos sucumbenciais no caso de insucesso na arbitragem, justificando o pedido de *security for costs* pela contraparte na demanda. O erro de raciocínio salta aos olhos porque, como se viu, não é verdade que apenas empresas com saúde financeira debilitada se socorrem do financiamento. Em muitos casos, a opção pela utilização do financiamento resulta, na verdade, de opção de gestão do fluxo de caixa da companhia.

Mas fato é que a existência do financiador, por si só, não tem o condão de determinar o deferimento dessa medida. Muito pelo contrário, a determinação de caução dos custos do procedimento depende de decisão específica do Tribunal Arbitral e é encarada como excepcional e extraordinária na arbitragem, tendo como requisitos essenciais não só a comprovação de debilidade financeira da parte financiada, como também a demonstração de elementos concretos de risco de que a parte não terá condições de arcar com os ônus sucumbenciais.

4.   CONSIDERAÇÕES FINAIS

Com esse artigo, a partir de uma visão prática, buscou-se discorrer de maneira objetiva sobre o que consiste, as principais vantagens e como funciona o financiamento de arbitragens por terceiros, além de expor alguns falsos problemas relacionados aos efeitos do terceiro financiador no procedimento arbitral, sob a rubrica de temas relevantes.

Em última análise, tem-se como objetivo essencial expandir o conhecimento acerca de instituto que, cada vez mais, vem ganhando protagonismo na realidade arbitral brasileira, colaborando assim para a difusão de informações pertinentes sobre o financiamento de arbitragens por terceiros.

AUTORES

Bernard Potsch M. Sócio de Batista Martins Advogados, atuante como advogado, árbitro e secretário em procedimentos arbitrais. Doutor em Direito Internacional.

Joaquim de Paiva Muniz. Sócio de Trench, Rossi e Watanabe Advogados. Idealizador e coordenador do Curso Prático de Arbitagem – CPA. Presidente do Colégio de Presidentes de Comissão de Arbitragem da OAB. Autor de "Curso Prático de Arbitragem" e Arbitration Law of Brazil: Practice and Procedure".

José Marinho Séves Santos. Mestrando em Direito da Regulação pela Escola de Direito da Fundação Getúlio Vargas do Rio de Janeiro. Bacharel em Direito pela Pontifícia Universidade Católica do Rio de Janeiro. Ex-coordenador do CPA. Advogado.

José Victor Palazzi Zakia. Advogado no Escritório Marques Rosado, Toledo Cesar & Carmona Advogados. Coordenador do Grupo de Estudos de Arbitragem da FGV Direito SP. Mestrando pela Universidade de São Paulo. Graduado pela FGV Direito SP.

Lucas V. R. da Costa Mendes. Sócio de Laudelino da Costa Mendes Neto Advogados. Idealizador e coordenador do Curso Prático de Arbitragem – CPA. LL.M. Queen Mary, University of London (merits).

Luís Alberto Salton Peretti. Sócio de Souto Correa Advogados. Ex-Secretário-Geral da Câmara de Conciliação, Mediação e Arbitragem Ciesp/Fiesp. Ex-Diretor Jurídico do Conselho Nacional de Instituições de Mediação e Arbitragem – Conima. Diplomado do Instituto de Estudos Políticos de Paris, Master em Direito Econômico, Master em Direito e Globalização Econômica pela Universidade de Paris I Panthéon-Sorbonne, Master em Direito Comparado pela Universidade de Paris II Panthéon-Assas. Mestrando em direito civil pela Faculdade de Direito da Universidade de São Paulo.

Marianna Falconi Marra. Graduada em Direito pela UFRJ e Pós-Graduada em Direito Processual Civil pela PUC-Rio. Especializada em Direito Internacional pela The Hague Academy of International Law. Coordenadora do Curso Prático de Arbitragem - CPA. Advogada e analista na Leste Litigation Finance.

Pedro Felipe Gomes da Silva. Subgerente Jurídico Desportivo do Santos Futebol Clube. Ex-Coordenador e Fundador do Grupo de Estudos de Prática em Arbitragem da FGV Direito SP. Graduado pela FGV Direito SP.

Renata Szczerbacki Setton. Mestranda em Direito Civil pela UERJ. Graduada em Direito pela PUC-Rio. Advogada e analista na Leste Litigation Finance.

---

[1] Joaquim de Paiva Muniz. Sócio de Trench, Rossi e Watanabe Advogados. Idealizador e coordenador do Curso Prático de Arbitagem – CPA. Presidente do Colégio de Presidentes de Comissão de Arbitragem da OAB. Autor de "Curso Prático de Arbitragem" e Arbitration Law of Brazil: Practice and Procedure".

[2] A expressão tem origem em jurisprudência norte-americana, como em United Steelworkers of America v. American Manufacturing Co., 363 U.S. 564 (1960).

[3] Art. 5o, XXXV, da Constituição Federal de 1988.

[4] A maioria da doutrina reconhece a natureza jurisdicional da arbitragem. Confira-se, nesse sentido, CARMONA, Carlos Alberto. **Arbitragem e Processo**. São Paulo: Atlas, 2009. p. 26-27. De qualquer forma, o art. 18 da Lei 9.907/1996 equipa o árbitro ao juiz e a sentença arbitral à sentença judicial.

[5] Há dois tipos de convenção arbitral. A cláusula compromissória, também conhecida como cláusula arbitral, é a convenção através da qual as partes em um contrato comprometem-se a submeter à arbitragem os litígios que possam vir a surgir, relativamente a tal contrato. Já o compromisso é a convenção através da qual as partes submetem um litígio à arbitragem de uma ou mais pessoas. Como este é um livro prático e o compromisso mostra-se pouco frequente, a discussão aqui se limitará à cláusula arbitral.

[6] Artigo 18 (1) do Regulamento de Arbitragem da CCI (2017).

[7] Não se questiona aqui a validade de cláusula de eleição de <u>foro</u> em determinadas circunstâncias. Contudo, a parte não escolhe diretamente o juiz pessoa física.

[8] Art. 21, parágrafo segundo, da Lei 9.607/1996.

[9] Confira-se "Anuário de Arbitragem 2017", CESA, org. GRION, Renato e CARVALHO, Eliana, em http://www.cesa.org.br/media/files/CESAAnuariodaArbitragem2017.pdf, acesso em 20.07.2020.

[10] Art. 1o , parágrafo primeiro, da Lei 9.607/1996.

[11] Art. 5o, XXXV, da Constituição Federal de 1988.

[12] TJSP, 14ª Câmara de Direito Privado, Ap. 0090526-67.2010.8.26.0000, Rel. Des. Melo Colombi, j. em 12.05.2010.

[13] Confira-se, por exemplo, a Lei francesa (Decreto 2011-48, de 13.01.2011, arts. 1.442-1.508).

[14] Art. 34, parágrafo único, da Lei 9.307/1996.

[15] Nesse sentido, *vide* STJ, REsp 1231554/RJ, Relª. Minª. Nancy Andrighi, j. em 24.05.2011.

[16] Art. 2o e parágrafo único da Lei 9.307/1996.

[17] Art. 9o, *caput*, da Lei 4.657/1942.

[18] Art. 9o, parágrafo segundo, da Lei 4.657/1942.

[19] Pesquisa anual de arbitragem da Queen Mary University, 2010.

[20] Art. 23, *caput*, da Lei 13.140/2015.

[21] art. 22, caput e §1º da Lei 13.140/2015.

[22] Artigo 13, parágrafo primeiro, da Lei 9.307/1996.

[23] Art. 32, VII combinado com at. 12, III, da Lei 9.307/1996.

[24] Art. 23, parágrafo segundo, da Lei 9.307/1996.

[25] Apêndice VI, artigo 2o do Regulamento de Arbitragem da CCI (2017).

[26] Apêndice VI, artigo 3 (4) do Regulamento de Arbitragem da CCI (2017).

[27] Art. 30-A, *caput*, da Lei 9.307/1996.

[28] Art. 30-A, parágrafo único, da Lei 9.307/1996.

[29] Art. 30-B, da Lei 9.307/1996.

[30] Apêndice V do Regulamento de Arbitragem da CCI (2017).

[31] Alguns autores renomados como Ricardo Aprigliano defendem, em vista dos amplos poderes conferidos pelo art. 27 da Lei de Arbitragem para determinação de responsabilidade da parte por custos e despesas, a possibilidade de os árbitros condenarem a parte vencida a pagar sucumbência ao advogado da parte vencedora, nos moldes da sucumbência do Código de Processo Civil (APRIGLIANO, Ricardo de Carvalho. Alocação de custas e despesas e a condenação em honorários advocatícios sucumbenciais em arbitragem. In: CARMONA, Carlos Alberto; LEMES, Selma Ferreira; MARTINS, Pedro Batista (Coords.). "20 Anos da Lei de Arbitragem. Homenagem a Petrônio R.

Muniz". São Paulo: Atlas, 2017. p. 685-686). Com todo o respeito ao entendimento acima, pode-se entender que, ao se referir a custos e despesas, o art. 27 da Lei de Arbitragem não atine aos honorários de sucumbência, que não têm natureza de reembolso de custos, mas de sanção pecuniária imposta à parte perdedora destinada ao patrono da parte vencedora – e não à parte vencedora em si. Como o advogado da parte não é parte do processo judicial, não pode em nome próprio, ser beneficiário desse direito, salvo se houver previsão específica na convenção arbitral. Nesse sentido, confira-se a lição de José Roberto de Castro Neves ("20 Anos de Lei de Arbitragem", idem, p. p. 646), que nos parece a mais correta.

[32] CPC, art. 85 e seguintes.

[33] Os dois *leading cases* a esse respeito do STJ são 3ª T., REsp 1.785.783, Relª. Minª. Nancy Andrighi, j. em 05.11.2019 e 4ª T., REsp. 1.189.050, Rel. Min. Luis Felipe Salomão, j. em 01.03.2016.

[34] art. 4o, parágrafo segundo, da Lei 9.307/1996.

[35] Lucas V. R. da Costa Mendes. Sócio de Laudelino da Costa Mendes Neto Advogados. Idealizador e coordenador do Curso Prático de Arbitragem – CPA. LL.M. Queen Mary, University of London (merits).

[36] Marianna Falconi Marra. Graduada em Direito pela UFRJ e Pós-Graduada em Direito Processual Civil pela PUC-Rio. Especializada em Direito Internacional pela The Hague Academy of International Law. Coordenadora do Curso Prático de Arbitragem - CPA. Advogada e analista na Leste Litigation Finance..

[37] José Marinho Séves Santos. Mestrando em Direito da Regulação pela Escola de Direito da Fundação Getúlio Vargas do Rio de Janeiro. Bacharel em Direito pela Pontifícia Universidade Católica do Rio de Janeiro. Ex-coordenador do CPA. Advogado.

[38] Sobre o tema vale a leitura da entrevista de Carlos Alberto Carmona em "Memórias do Desenvolvimento da Arbitragem no Brasil" oportunidade em que o professor, um dos co-autores da LArb, afirmou que a lei de arbitragem da Espanha foi utilizada como base ao projeto de lei brasileira, o qual também seguiu as diretrizes estabelecidas na Lei Modelo da UNCITRAl, ambas as fontes em linha com as premissas estabelecidas pela Convenção sobre o reconhecimento e a Execução de Sentenças Arbitrais Estrangeiras (Convenção de Nova Iorque) Livro integralmente disponível em https:// c0ae6215-4423-4e66-9496-d980a3803af0.filesusr.com/ugd/ e325fc_7f5d8e57a3e340578403c603bbda88c5.pdf.

[39] Sobre o tema recomenda-se a leitura de "International Arbitration is not Arbitration" de PAULSON, Jan., publicado na Stockholm International Arbitration Review, 2008:2, disponível em: https://www.arbitration-icca.org/ media/4/38838389608773/ media012331138275470siar_2008-2_paulsson.pdf

[40] Sobre o tema recomenda-se a dissertação de mestrado de Alexandre Buono Schulz (Os contratos comerciais internacionais na sociedade pós-industrial: reflexões sobre a nova lex mercatoria), disponível aqui: https:// www.teses.usp.br/teses/disponiveis/2/2135/tde-20122010-153753/ publico/Dissertacao_de_Mestrado_Alexandre_Buono_Schulz_completa.pdf

[41] Não se ignora que, via de regra, é na sede da arbitragem que a sentença arbitral pode

ser anulada, possuindo, sim, uma relação direta entre o instituto e a jurisdição que lhe serve de suporte.

[42] A sentença parcial do caso pode ser acessada neste link: https://globalarbitrationreview.com/digital_assets/8766b480-927b-47ed-bb5e-afb4580205ec/sentenca-arbitral-parcial-codesp-grupo.pdf

[43] A mesma pergunta parece ser: "*Como treinar uma equipe de competição com chances de vitória em um ambiente técnico e competitivo como as competições de arbitragem?*" Todas as perguntas parecem levar à mesma resposta, que se pretende debater neste trabalho.

[44] Tal esforço passa por uma série de especialidades científicas desde a própria filosofia - Immanuel Kant em seu célebre Crítica da Razão Pura já tocava em questões de organização estrutural do conhecimento - ao Direito, passando por diversos temas relacionados ao método científico em si.

[45] Tracy, Judith B., I See and I Remember; I Do and Understand: Teaching Fundamental Structure in Legal Writing Through the Use of Samples. Touro Law Review, Vol. 21, pp. 297-348, 2005; Boston College Law School Research Paper No. 77. Disponível em: https://ssrn.com/abstract=786609

[46] http://www.law.columbia.edu/sites/default/files/microsites/writingcenter/files/organizing_a_legal_discussion.pdf.

[47] Estamos acostumados a pensar no tempo como um limitador apenas para os argumentos orais. É um erro pensar desta forma. A atenção do julgador para a leitura de um argumento escrito é igualmente – ou até mais – limitada. Se partirmos da premissa que o juiz – ou o árbitro – tem tempo infinito para a leitura de um argumento, cometeremos erros insanáveis para a viabilização do seu convencimento.

[48]

[49] É comum a utilização da expressão "*straightforward*", que pode ser traduzido como "direto" ou "em linha reta"; um elogio que demonstra o orador não ter andado em círculos ou se repetido.

[50] O exercício muitas vezes demonstra o poder que é conferido àquele que realiza o argumento. Pensa-se, no mais das vezes, que o poder durante a apresentação de um argumento está com o julgador, por conta de sua posição. A assertiva não é verdadeira. O poder deve ser exercido por quem apresenta, afinal, com ele se encontra a palavra. O desafio, no entanto, é controlar o exercício de tal poder. Em competições de arbitragem, quando na presença de um orador de destaque, tal poder se faz evidente. O seu controle sobre o direito e sobre os fatos do caso fazem do orador o centro de poder do ambiente.

[51] O próprio sumário da sentença arbitral do caso @ acima referido é um bom exemplo deste tipo de estrutura.

[52] Eis a literalidade da cláusula: "*4.3 O preço aqui celebrado não leva em conta variação no valor dos insumos para a produção*"

[53] Este trabalho utiliza apenas as questões relativas à interpretação contratual como exemplo. As demais, consideravelmente mais complexas, devem ter as suas linhas de argumentação e metodologia construídas pelos próprios alunos.

[54] Pode-se perceber, ainda, que o Roadmap não é nada mais do que a reunião dos títulos de cada argumento a ser apresentado pela parte (conforme planilhas exemplificativas acima). É, ou seja, a apresentação da primeira "escala de concretude" do caso, servindo, sobretudo, para organizar a apresentação, garantindo previsibilidade à facilitar a compreensão pelo julgador.

[55] Como se verá abaixo, cada um dos itens indicados no *Roadmap* é um problema a ser resolvido por meio do IRAC.

[56] Strong, S.I. and Desnoyer, Brad, How to Write Law Exams *IRAC Perfected* (2016). in How to Write Law Exams: *IRAC Perfected* (West Academic Publishing 2016); University of Missouri School of Law Legal Studies Research Paper No. 2015-25. Available at SSRN: https://ssrn.com/abstract=2685893

[57] Nos momentos iniciais dos estudos que levaram ao presente artigo, traduzíamos "Rule" como "Direito". A experiência, no entanto, nos mostrou que os alunos buscavam, de forma excessivamente superficial, apenas uma regra de Direito (frequentemente o princípio da boa-fé objetiva), sem realizar um mínimo de esforço para o efetivo desenvolvimento de tal norma. Foi utilizando a expressão "critério jurídico", retirada dos famosos (e úteis) "testes de Direito" do *common law* que conseguimos convencer os alunos a, de fato, pesquisarem e compreenderem a norma jurídica para fins de uma utilização útil e precisa.

[58] Veja-se que há uma relação simbiótica entre o problema a ser resolvido pelo IRAC e o *Roadmap*. Ambos devem ser construídos de forma conjunta, servindo, a bem da verdade, o *Roadmap*, para introduzir a sequência de IRAC's que serão apresentados pelo advogado para sustentar o caso.

[59] Tais artigos, diga-se, sofreram louváveis alterações em 2019 para a facilitação da identificação de critérios jurídicos úteis à aplicação de referidas normas.

[60] O assunto foi muito bem tratado por Alexandre Buono. Schulz em "Contratos em crise: boa-fé e partilha de riscos, delimitando o papel da boa-fé objetiva – amplamente invocada nessas questões contratuais", disponível em https://www.jota.info/opiniao-e-analise/artigos/contratos-em-crise-boa-fe-e-partilha-de-riscos-26052020

[61] A aplicação da excludente de responsabilidade do caso fortuito ou da força maior pressupõe (i) a caracterização do fato necessário, (ii) cujos efeitos eram impossíveis de evitar ou impedir (art. 393, PU). A onerosidade excessiva, por outro lado, pressupõe (i) um contrato que se protrai no tempo, (ii) a onerosi-

dade excessiva para uma das partes, (iii) a extrema vantagem para a outra parte (há divergência doutrinária aqui) e uma série de outros requisitos, a qual, por sua vez, levam a consequências jurídicas outras da força maior.

[62] O mesmo pode, inclusive, ser dito sobre a qualidade da prestação jurisdicional nacional, em que, muitas vezes, percebe-se o abandono da metodologia de aplicação do Direito em favor de decisões baseadas em "princípios maiores". Sendo esta uma reconhecida diferença entre o tratamento dos casos por tribunais arbitrais e a média do poder judiciário nacional. Uma boa referência para isso é o "Princípio é Preguiça", do Carlos Ari Sundfeld

[63] Em seu artigo 4.3, os Princípios Unidroit caracterizam como circunstâncias relevantes para a interpretação do contrato (i) as negociações preliminares entre as partes, (ii) as práticas estabelecidas entre as próprias partes, (iii) o comportamento das partes após a celebração do contrato, (iv) a natureza e o propósito do contrato, (v) o significado normalmente atribuído aos termos e expressões na indústria em questão e (vi) os usos e costumes.

A doutrina brasileira alcança conclusões equivalentes, identificando como "circunstâncias significativas": (i) negociações preliminares, (ii) habitualidade de negócios, (iii) compreensão que a comunidade empresta a certas atitudes negociais, (iv) manifestações havidas anteriormente e durante a execução do negócio, (v) comportamento das partes, (vi) significado corrente das palavras, (vii) lugar, (viii) tempo, (ix) modelo das normas aplicáveis, (x) setores e ramos dos negócios realizados (LÔBO, Paulo. *Direito Civil*. Contratos. Vol. 3. Saraiva, 2018. Rio de Janeiro.)

[64] O caso foi elaborado de maneira que a outra parte pode utilizar outros critérios para fins de argumentação de que o preço é fixo, como as práticas da indústria, outras relações havidas entre os contratantes e o comportamento do Réu durante o cumprimento das obrigações.

[65] Turner, Tracy L., Flexible IRAC: A Best Practices Guide (July 1, 2015). Southwestern Law School Research Paper No. 2015-16. Available at SSRN: https://ssrn.com/abstract=2633667 or http://dx.doi.org/10.2139/ssrn.2633667

[66] Por exemplo, a "sequência única de IRAC" pode se tornar tão longa e complexa que o ouvinte esquecerá nuances importantes quando chegar aos parágrafos da aplicação. O risco pode ser minimizado usando seções separadas para todas as sub-questões separáveis abordadas em uma análise. Já o "IRAC alternativo" pode oferecer benefícios únicos nas análises de equilíbrio de fatores: em contraste com o formato anterior, aqui cada parágrafo de aplicação vem logo após o parágrafo da regra correspondente, de modo que um princípio de lei seja aplicado logo que seja introduzido. A estrutura IRAC alternada oferece o benefício de aplicar um fator ou elemento imediatamente após a introdução e a explicação (RAMBO & PFLAUM, supra note 3, at 539–632; RAY, supra note 8, at 79–80; SHAPO ET AL., supra note 8, at 147–48; SLOCUM, supra note 8, at 211–13, 590–91, 600–02, 616–20). Na estrutura do "IRAC por parágrafo", a frase tópica de cada parágrafo indica o ponto sobre o

caso de que a discussão da regra e o aplicativo no parágrafo serão provados. A "sentença IRAC", por sua vez, consiste em uma afirmação sobre o impacto legal de um fato do caso em questão seguido de uma citação entre parênteses que prova o impacto afirmado. Quando apropriado, as sentenças IRAC podem ser usadas para (1) elementos de endereço que provavelmente não serão contestados porque são facilmente satisfeitos; (2) fatores de endereço que claramente se aplicam ou claramente não se aplicam ao caso; (3) configurar uma refutação para o ponto de um oponente; ou (4) fornecer um soco extra para os parágrafos de introdução, tese, guarda-chuva ou conclusão. Sob as circunstâncias corretas, as sentenças IRAC podem fornecer eficientemente o leitor com o instantâneo necessário para resolver um ponto incontroverso ou para entender um ponto mais complexo no contexto certo. Minha observação dos resumos que analisei é que a sentença IRAC é freqüentemente usada em excesso em detrimento da precisão substantiva, persuasão e clareza. (Turner, Tracy L., Flexible IRAC: A Best Practices Guide (July 1, 2015). Southwestern Law School Research Paper No. 2015-16. Available at SSRN: https://ssrn.com/abstract=2633667 or http://dx.doi.org/10.2139/ssrn.2633667)

[67] Turner, Tracy L., Flexible IRAC: A Best Practices Guide (July 1, 2015). Southwestern Law School Research Paper No. 2015-16. Available at SSRN: https://ssrn.com/abstract=2633667 or http://dx.doi.org/10.2139/ssrn.2633667

[68] Utiliza-se, com frequência, em sala de aula, o exemplo da teoria da onerosidade excessiva. Nos termos do artigo 478 do Código Civil, para que um contrato seja resolvido por onerosidade, uma série de critérios devem ser atendidos, dentre eles (i) tratar-se o contrato de execução continuada ou diferida, (ii) a prestação se tornar excessivamente onerosa ao devedor, (iii) com extrema vantagem para a outra parte e (iv) em decorrência de eventos extraordinários e imprevisíveis. Em uma situação assim, cada um dos critérios precisa ser comprovado para que os efeitos legai possam ser aplicados: uma situação excepcional que demanda rigor metodológico para ser demonstrado.

O desafio de demonstração poderia ser abordado de diferentes modos. Poderia ser construído um "Roadmap" específico para o argumento, separando em IRAC's específicos para cada um dos critérios. Uma abordagem assim, no entanto, provavelmente ficaria excessivamente longa e talvez cansativa. A solução seria realizar a identificação de apenas um problema (a aplicação da onerosidade excessiva) com a aplicação em sequência de critérios e fatos até a conclusão ("IRARARAC"). Poderia, de outra forma, fixar todos os critérios no início e, na sequencia, seguir com os fatos de forma única ("IRRRRAAAC" – metodologia especialmente útil para situações em que a apresentação cronológica dos fatos auxilia na compreensão do caso). Poderia, ainda, fazer a construção dos argumentos organizados por parágrafos ou por frases – tudo, sempre, a depender do caso em mãos.

[69] Disputas de fusão e aquisição também servem como ótimos exemplos. Com muita frequência, tais disputas ocorrem em uma zona cinzenta entre o Direito e a contabilidade e a economia, quando o IRAC pode ser utilizado para separar o que é Direito (os critérios jurídicos, sob competência do órgão judicante, portanto) do que é prova técnica (contabilidade e economia), distribuindo-se

de maneira clara e organizada as competências durante o procedimento.

[70] Ano após ano, no primeiro encontro de treinamento, perguntamos aos alunos: *"Interesse o argumento, de fato o outro lado está errado, mas qual a relevância para o julgamento do caso?!"*, a resposta normalmente segue este racional: *"É porque eu deixei a parte de direito para outro membro da equipe"* ou *"É porque eu ainda não pesquisei a parte jurídica do caso"*. Trata-se de uma casca de banana colocada no caso, que assim como tantas outras, servem para demonstrar os erros metodológicos cometidos pelos alunos

[71] E mais de dez anos de competições no Brasil.

[72] Muito embora, pela própria apresentação acima, os autores utilizem uma versão flexível e adaptável do método.

[73] CUNY SCHOOL OF LAW. http://www.law.cuny.edu/legal-writing/students/irac-crracc/irac-crracc-1.html

[74] *Id..*

[75] Entendemos as críticas justificáveis, bem por isso os exemplos acima tomaram feição própria, indo muito além do simples IRAC.

[76] Lebovits, Gerald, Cracking the Code to Writing Legal Arguments: From IRAC to CRARC to Combinations in Between (July 1, 2010). New York State Bar Association Journal, Vol. 82, No. 6, July/August 2010. Disponível em: https://ssrn.com/abstract=1650923

[77] Lebovits, Gerald, Cracking the Code to Writing Legal Arguments: From IRAC to CRARC to Combinations in Between (July 1, 2010). New York State Bar Association Journal, Vol. 82, No. 6, July/August 2010. Disponível em: https://ssrn.com/abstract=1650923

[78] Lebovits, Gerald, Cracking the Code to Writing Legal Arguments: From IRAC to CRARC to Combinations in Between (July 1, 2010). New York State Bar Association Journal, Vol. 82, No. 6, July/August 2010. Available at SSRN: https://ssrn.com/abstract=1650923

[79] Sócio de Batista Martins Advogados, atuante como advogado, árbitro e secretário em procedimentos arbitrais. Doutor em Direito Internacional.

[80] Tradução livre. No original, *"Written advocacy is an essential ingredient of the arbitration process. While somewhat underrated as compared with its more illustrious counterpart – oral advocacy – it is no exaggeration to say that without excellent written advocacy, the prospects of success are severely diminished, perhaps disastrously so."* (SPRANGE, Thomas K.. "Written advocacy". *In The Guide to Advocacy*, 4ª ed., 2019. Disponível em <https://globalarbitrationreview.com/chapter/1208856/written-advocacy>. Acesso em 12.07.2020).

[81] Em especial, de autores de língua inglesa. No Brasil, conquanto haja iniciativas para melhor desenvolver o tema, a produção acadêmica ainda é baixa.

[82] Conquanto em muito se relacionem com a elaboração de peças escritas, as diferentes técnicas de argumentação jurídica são tratadas em artigo próprio nesta mesma obra, motivo pelo qual deixarão de ser aqui especificamente abordadas.

[83] Como bem pontua Thomas K. Sprange: *"Não inicie sua minuta antes de ter sólida base de todos os fatos chave e proposições legais que precisam ser feitos para expressar sua teoria do caso. Isso significa ter tempo com testemunhas e realizar extensa pesquisa jurídica antes de efetivamente colocar a caneta no papel."*. (Tradução livre. No original, *"Do not start to draft until you have a strong grip on all the key facts and propositions of law that you need to articulate to express your case theory. This means time with witnesses and extensive legal research before you actually put pen to paper."*. SPRANGE, Thomas K.. "Written advocacy". *In The Guide to Advocacy*, 4ª ed., 2019. Disponível em <https://globalarbitrationreview.com/chapter/1208856/written-advocacy>. Acesso em 12.07.2020).

Na mesma obra, Henri Alvarez complementa: *"É essencial conhecer seu caso da melhor maneira possível desde o princípio. Isso permitirá a escrita de manifestações claras e focadas, que seguem a mesma e coerente linha do início ao fim. Isso deixará suas petições mais fáceis de seguir e inspirará confiança."* (Tradução livre. No original, *"It is critical to know your case as well as possible from the outset. This will permit you to write clear, focused submissions that follow the same, coherent approach in all written pleadings and submissions from start to finish. This will make your pleadings easier to follow and inspire confidence in them."*. ALVAREZ, Henri. *In* "Written advocacy". *The Guide to Advocacy*, 4ª ed., 2019. Disponível em <https://globalarbitrationreview.com/chapter/1208856/written-advocacy>. Acesso em 12.07.2020).

[84] Um artifício útil nas peças iniciais de um processo arbitral (*v.g.*, requerimento de arbitragem e resposta) é evitar entrar em detalhes fáticos e argumentos jurídicos além do mínimo exigido pelos dispositivos regulamentares aplicáveis. Idealmente, estas peças devem traçar um panorama geral dos fatos, das causas de pedir, dos pedidos e de eventuais preliminares, de modo a servir de fundação para a posterior melhor construção de sua teoria do caso na mente do leitor. Mas, não havendo tempo suficiente de preparação para tanto, é preferível utilizar a latitude garantida a essas primeiras peças do que expor fatos e argumentos que, posteriormente, possam se mostrar frágeis ou equivocados.

[85] Frase atribuída ao juiz estadunidense Elijah Barrett Prettyman. Tradução livre. No original, *"The lawyer's greatest weapon is clarity, and its whetstone is succinctness"* (COOPER, Frank E.. "Stating the Issue in Appellate Briefs". 49 *American Bar Association Journal*, 1963, p. 182).

[86] GARNER, Bryan A.. *Legal Writing in Plain English*. Chicago University Press, 2001.

[87] GARNER, Bryan A.. *Legal Writing in Plain English*. Chicago University Press, 2001, p.8.

[88] John M. Townsend alerta que *"Árbitros absorverão melhor esses tipos de informação [fatos e narrativas] se apresentados em ordem cronológica; o narrador desvia da cronologia por sua conta e risco."* (Tradução livre. No original, *"Arbitrators will absorb this type of information most readily if it is presented in chronological order, so the narrator departs from the chronology at his or her peril."*. TOWNSEND; John M.. *In* "Written advocacy". *The Guide to Advocacy*, 4ª ed., 2019. Disponível em <https://globalarbitrationreview.com/chapter/1208856/written-advocacy>. Acesso em 12.07.2020).

[89] Os detalhes aqui utilizados foram extraídos de caso simulado anteriormente desenvolvimento pelo Curso Prático de Arbitragem para seu módulo de arbitragem comercial.

[90] É, inclusive, a recomendação de Thomas K. Sprange: *"Use seções e subseções bem definidas que sigam uma cadeia lógica e sua teoria do caso. Tribunais comumente quererão navegar sua submissão ou focar em aspectos particulares em diversos momentos. É essencial que eles sejam capazes de utilizar sua submissão fazendo referência a seções específicas e*

bem definidas. Especial cuidado deve ser dado à redação de títulos e subtítulos. É um erro comum o redator desatentar para o conteúdo dos títulos e se refletem com precisão aquilo que os seguem." (Tradução livre. No original, *"Use well-defined sections and subsections that follow a logical pathway and broadly follow your case theory. Tribunals will often want to navigate around a submission or focus on particular aspects at different times. It is essential that they are able to work through a submission by reference to specific and well-defined sections. Particular care should be given to the content of headings and subheadings. It is a common slip for a drafter to give little thought to a heading and whether it accurately reflects what follows."*. SPRANGE, Thomas K.. "Written advocacy". *In The Guide to Advocacy*, 4ª ed., 2019. Disponível em <https://globalarbitrationreview.com/chapter/1208856/written-advocacy>. Acesso em 12.07.2020).

[91] Ambos exemplos reais de títulos vistos pelo autor em sua prática profissional.

[92] E, se as partes escolheram profissional sério para a função, podem estar certas de que o árbitro lerá tudo. Mas anedota compartilhada por Stephen Bond, de exagero cometido na impugnação de um árbitro, é ilustrativa do efeito adverso da prolixidade: *"Em meu entusiasmo, submeti impugnação composta de três grandes fichários à CCI, esmiuçando cada idiotice que o árbitro havia cometido. A impugnação foi rejeitada. Como dizem os ingleses, eu tinha 'over-egged the pudding'. Não seria possível aos membros da Corte da CCI ler tudo o que foi submetido. O ponto principal ficou perdido em uma nevasca de papéis. Lição aprendida. Árbitros não são apenas humanos, mas humanos ocupados. Mantenha suas manifestações o mais concisas possível para que sejam efetivamente lidas."* (Tradução livre. No original, *"In my enthusiasm, three large ring binders for the challenge were submitted to the ICC, setting out every idiocy the arbitrator had committed. The challenge was rejected. As the English say, I had over-egged the pudding. It would not have been possible for the ICC Court members to read all that had been submitted. The main focus had been lost in the paper blizzard. Lesson learned. Arbitrators are not only human, they are busy humans. Keep the submissions as lean as possible, so that they may actually be read. Keep a sharp focus on what is essential."* BOND, Stephen. *In* "Written advocacy". *The Guide to Advocacy*, 4ª ed., 2019. Disponível em <https://globalarbitrationreview.com/chapter/1208856/written-advocacy>. Acesso em 12.07.2020).

[93] Tradução livre. No original, *"The more clearly the point is made, and the more distinctly it stands out, the more easily the judge will understand it and, it may be hoped, in understanding it, appreciate its significance"* (COOPER, Frank E.. "Stating the Issue in Appelate Briefs". 49 *American Bar Association Journal*, 1963, p. 182).

[94] Não é segredo que a concisão demanda maior esforço de escrita e de revisão do que a prolixidade. Não por outra razão, já em 1657, Blaise Paschal desculpava-se da prolixidade de uma de suas cartas, com a seguinte justificativa: *"Fiz [essa carta] mais longa do que usual pois não tive o tempo para fazê-la mais curta"* (Tradução livre. No original, *"Je n'ai fait celle-ci plus longue que parce que je n'ai pas eu le loisir de la faire plus courte"*. PASCHAL, Blaise. *The Provincial Letters: letter XVI*, 1657).

[95] Ver tópico VI abaixo para maiores detalhes.

[96] Como dito por J. William Rowley, *"Por favor, use todo adjetivo e advérbio que venha à mente na primeira minuta de suas manifestações. Mas tenha certeza de eliminá-los na segunda."* (Tradução livre. No original, *"By all means use every adjective and adverb that comes to mind in the first draft of your pleadings, but be sure to edit them out in your second."* ROWLEY, J. William. *In* "Written advocacy". *The Guide to Advocacy*, 4ª ed., 2019. Disponível em <https://globalarbitrationreview.com/chapter/1208856/written-advocacy>. Acesso em 12.07.2020).

[97] Nesse particular, àqueles que não resistem ao ímpeto agressivo, salutar lembrar a

lição do juiz estadunidense Terrence L. Michael: "*O ataque mais efetivo que podes fazer é me persuadir que o outro lado está errado. Lembre-se, se você ganhar, eles perdem.*" (Tradução livre. No original, "*The most effective attack you can make is to persuade me that the other side is wrong. Remember, if you win, they lose*". *Ten Tips for Effective Brief Writing.* Disponível em <http://www.oknb.uscourts.gov/sites/default/files/JMFiles/briefwritingtips.pdf>).

[98] É a correta observação de Juliet Blanch: "*O uso de linguagem pejorativa é raramente eficaz – só deve ser usada se estiver confiante que as provas justificam seu uso e, mesmo assim, apenas esporadicamente. Repetidas hipérboles são cansativas; no melhor caso, irão depreciar o mérito de suas submissões e, no pior, podem gerar simpatia à parte contrária.*" (Tradução livre. No original, "*The use of pejorative language is rarely effective – it should only be used if you are confident that the evidence justifies such use of language, and even then, it should be used sparingly. Repeated hyperbole is tiresome; at best it will detract from the merits of your submissions and at worst it may engender sympathy for the opposing party.*" BLANCH, Juliet. *In* "Written advocacy". *The Guide to Advocacy*, 4ª ed., 2019. Disponível em <https://globalarbitrationreview.com/chapter/1208856/written-advocacy>. Acesso em 12.07.2020).

[99] Em lição sobre advocacia oral, mas também aplicável à escrita, Ken Broda-Bahm vaticina: "*Você quer se expressar de forma breve e sucinta. Você quer frases simples. Depois vai precisar se aprofundar nos detalhes e introduzir linguagem jurídica e técnica onde ajudar. Mas, por ora, você quer escolher a forma mais direta de se expressar, e isso requer alguma preparação.*" (Tradução livre. No original, "*You want short and succinct expression. You want simple sentences. Later on, you will need to dig into details and introduce legal and technical language where it helps. But for now, you want to choose the shortest way of expressing it, and that can require some preparation.*". BRODA-BAHM, Ken. "Say it in three minutes". Disponível em <https://www.jdsupra.com/legalnews/say-it-in-three-minutes-54386/>. Acesso em 13.07.2020).

[100] Jan Paulsson é cristalino ao pontuar o problema que daí pode advir: "*Após certo tempo no caso, os árbitros já sabem o nome das partes, mas são forçados a reler novamente 'Reliable Contractors Consolidated Ltd, incorporada sob as leis da República de Sunny Isle, tendo sua sede em Mason Dixon Esq., 123 Broad Street, Sleepytown, Sunny Isle, tel. ---, fax. --- (doravante Requerente ou Reliable)'. Certamente seus olhos passarão direto por esse lixo e, estando acostumados à ideia de pular trechos – às vezes para preservar sua própria sanidade – quem sabe onde vão parar?*" (Tradução livre. No original, "*By the time the arbitrators are well into the case, they actually know the names of the parties and now have to be forced to read – once again – 'Reliable Contractors Consolidated Ltd, incorporated under the laws of the Republic of Sunny Isle, having its principal offices c/o Mason Dixon Esq., 123 Broad Street, Sleepytown, Sunny Isle, tel. ---, fax. --- (hereinafter referred to as Claimant or Reliable)'. Of course, their eyes will glaze over this dross, and once they get used to the idea of skipping, sometimes to preserve their sanity, who knows where they will stop?*". PAULSSON, Jan. *In* "Written advocacy". *The Guide to Advocacy*, 4ª ed., 2019. Disponível em <https://globalarbitrationreview.com/chapter/1208856/written-advocacy>. Acesso em 12.07.2020).

[101] Ministério do Meio Ambiente.

[102] Ministério da Cultura.

[103] Ministério do Planejamento, Desenvolvimento e Gestão.

[104] Tanto a Orientação quanto a Portaria são fictícias.

[105] O texto está formatado com fonte Baskerville Old Face, tamanho 9, com espaçamento simples entre linhas e de 2 pt antes e depois de parágrafos, com margens de 1

centímetro, e título em versalete e itálico.

[106] Alguns exemplos são: Times New Roman, Verdana, Arial, Garamond, Bookman Old Style, dentre outras.

[107] O efetivo tamanho da letra pode variar consideravelmente entre uma fonte e outra. Em fontes com letras menores, o tamanho 13 ou 14 pode ser mais adequado.

[108] O texto está formatado com fonte Arial, tamanho 12, com espaçamento 1,5 entre linhas e de 16 pt antes e depois parágrafos, com margens de 3 centímetros, e título em versalete, negrito e sublinhado.

[109] O avanço da digitalização dos processos arbitrais pode vir a alterar esse cenário, mas, no presente ano de 2020, a numeração sequencial continua a não ser a regra, mesmo nas instituições que usam autos virtuais.

[110] A prática é confirmada por Thomas K. Sprange: *"Os tribunais tendem primeiramente a ler as peças de uma só vez e, em momento futuro, voltar a pontos específicos para refrescar suas memórias ou focar em determinado ponto. Torne ambas as experiências fáceis para o tribunal."* (Tradução livre. No original, *"Tribunals tend to read things in one go to begin with and then refer back to specifics at a later point in time to refresh their memory or to focus on a particular point. Make both experiences easy for the tribunal."*. SPRANGE, Thomas K.. "Written advocacy". *In The Guide to Advocacy*, 4ª ed., 2019. Disponível em <https://globalarbitrationreview.com/chapter/1208856/written-advocacy>. Acesso em 12.07.2020).

[111] Nas quais o acesso a determinado material por árbitro de outra jurisdição pode restar prejudicado.

[112] Advogado no Escritório Marques Rosado, Toledo Cesar & Carmona Advogados. Coordenador do Grupo de Estudos de Arbitragem da FGV Direito SP. Mestrando pela Universidade de São Paulo. Graduado pela FGV Direito SP.

[113] Subgerente Jurídico Desportivo do Santos Futebol Clube. Ex-Coordenador e Fundador do Grupo de Estudos de Prática em Arbitragem da FGV Direito SP. Graduado pela FGV Direito SP.

[114] Joaquim de Paiva Muniz. Sócio de Trench, Rossi e Watanabe Advogados. Idealizador e coordenador do Curso Prático de Arbitagem – CPA. Presidente do Colégio de Presidentes de Comissão de Arbitragem da OAB. Autor de "Curso Prático de Arbitragem" e Arbitration Law of Brazil: Practice and Procedure".

[115] Lucas V. R. da Costa Mendes. Sócio de Laudelino da Costa Mendes Neto Advogados. Idealizador e coordenador do Curso Prático de Arbitragem – CPA. LL.M. Queen Mary, University of London (merits). Advogado.

[116] Sobre o tema, vale a leitura: https://gmail.us10.list-manage.com/track/click?u=6a24de0362a21d7ec3b053c20&id=fc3ca4b619&e=a288d3555d

[117] A expressão que se utiliza com frequência é "baby steps", ou seja, o raciocínio é construído aos poucos, detalhe a detalhe, até alcançar-se a determinada conclusão – sempre profundamente alicerçada nos documentos do caso.

[118] Toda a mecânica deste raciocínio, que pressupõe uma relação, no mais das vezes complexa, entre Direito e fatos encontra-se melhor determinada em outo artigo da obra, que trata do IRAC.

[119] Este raciocínio, por óbvio, não se aplica às testemunhas de Direito.

[120] Sócio de Souto Correa Advogados. Ex-Secretário-Geral da Câmara de Conciliação, Mediação e Arbitragem Ciesp/Fiesp. Ex-Diretor Jurídico do Conselho Nacional de Instituições de Mediação e Arbitragem – Conima. Diplomado do Instituto de Estudos Políticos de Paris, Master em Direito Econômico, Master em Direito e Globalização Econômica pela Universidade de Paris I Panthéon-Sorbonne, Master em Direito Comparado pela Universidade de Paris II Panthéon-Assas. Mestrando em direito civil pela Faculdade de Direito da Universidade de São Paulo.

[121] O propósito deste artigo é apontar aspectos práticos do funcionamento dos centros de resolução de disputas ("Centros") em relato informal. No artigo não se trata de nenhum Centro especificamente; discorre-se sobre traços comuns aos vários Centros com os quais já tive contato. Em vista dessa orientação, alguns conceitos e referências legais e regulamentares são apresentados de forma abreviada, e a descrição dos regulamentos dos Centros é feita a partir de seus elementos comuns, não dispensando a consulta da redação integral de cada regulamento para a verificação de eventuais exceções e particularidades. Este artigo reflete a opinião pessoal do autor, a qual não deve ser atribuída nem à minha atual banca de advogados, nem às instituições em que trabalhei.

[122] BÜHRING-UHLE, Christian. *Arbitration and Mediation in International Business.* Haia: Kluwer Law International, p. 2006, p. 163: *"Dissatisfaction and frustration with traditional means of conflict resolution have created a need for more appropriate techniques aiming at providing the parties with control over both the process and the outcome of their transactions"*.

[123] CARMONA, Carlos Alberto. *Arbitragem e Processo*: um comentário à Lei 9.307/96. São Paulo: Atlas, 2009, p. 32.

[124] Vale lembrar que, mesmo na arbitragem institucional, os usuários podem fazer alguns ajustes ao procedimento, adequando algumas disposições do regulamento ao seu caso, como aquelas relativas à nomeação dos árbitros, ao processamento das exceções de recusa, aos prazos, etc. Por certo, os regulamentos de alguns Centros tem características que não podem ser alteradas, mas — ressalvadas essas exceções — são admissíveis ajustes.

[125] SANDERS, Frank. "The Multi-Door Courthouse: Settling Disputes in the Year 2000". *HeinOnline*: 3 Barrister 18, 1976.

[126] Por comodidade, refere-se aqui ao ranking preparado pela publicação Leaders' League, que lista os centros de resolução de disputas empresariais mais ativos e reconhecidos do Brasil: https://www.leadersleague.com/en/rankings/dispute-resolution-ranking-2020-arbitration-centers-brazil.

[127] Segundo o estudo "2018 International Arbitration Survey: The Evolution of International Arbitration", publicado pela banca White and Case e pela Universidade Queen Mary *"the five most preferred arbitral institutions are still the ICC, LCIA, SIAC, HKIAC and SCC"* (disponível em http://www.arbitration.qmul.ac.uk/research/2018/).

[128] Por exemplo, o Centro de Arbitragem e Mediação da Câmara de Comércio Brasil Canadá (CAM-CCBC), o Centro de Solução de Disputas da Associação Brasileira de Propriedade Intelectual (ABPI) e o Centro de Arbitragem e de Mediação da Organização Mundial da Propriedade Intelectual (WIPO).

[129] PARO, Giácomo; MARQUES, Ricardo Dalmaso; DUARTE, Ricardo Quass. Online Dispute Resolution (ODR) e o Interesse Processual. In: *Direito, Processo e Tecnologia.* São

Paulo: Revista dos Tribunais, 2020, p. 275.

[130] Lei 9.307 de 1996 , *"Lei de Arbitragem"*, Art. 5º: *"Reportando-se as partes, na cláusula compromissória, às regras de algum órgão arbitral institucional ou entidade especializada, a arbitragem será instituída e processada de acordo com tais regras, podendo, igualmente, as partes estabelecer na própria cláusula, ou em outro documento, a forma convencionada para a instituição da arbitragem"*.

[131] Lei 13.140 de 2015, *"Lei de Mediação"*, Art. 22: *"A previsão contratual de mediação deverá conter, no mínimo: [...] § 1º A previsão contratual pode substituir a especificação dos itens acima enumerados pela indicação de regulamento, publicado por instituição idônea prestadora de serviços de mediação, no qual constem critérios claros para a escolha do mediador e realização da primeira reunião de mediação"*.

[132] Projeto de Lei do Senado nº 206 de 2018 de autoria do Sen. Antonio Anastasia, Art. 3º: *"Reportando-se o edital às regras de alguma instituição especializada, o Comitê será instituído e processado de acordo com as regras de tal instituição, podendo-se, igualmente, definir em anexo contratual a regulamentação própria para a instalação e processamento"*. Lei do Município de São Paulo nº 16.873 de 2018 de autoria do Ver. Caio Miranda Carneiro, Art. 3º: *"Reportando-se o edital de licitação ou contrato às regras de alguma instituição especializada, o Comitê será instituído e processado de acordo com as regras de tal instituição, podendo-se, igualmente, definir em anexo contratual a regulamentação própria para a instalação e processamento"*.

[133] Disponível em https://www.uncitral.org/pdf/english/texts/arbitration/arb-rules/arb-rules.pdf.

[134] Estudo "2018 International Arbitration Survey: The Evolution of International Arbitration", p. 2.

[135] Lei de Arbitragem, Art. 7º: "Existindo cláusula compromissória e havendo resistência quanto à instituição da arbitragem, poderá a parte interessada requerer a citação da outra parte para comparecer em juízo a fim de lavrar-se o compromisso, designando o juiz audiência especial para tal fim".

[136] Disponíveis em https://www.gafta.com/Arbitration.

[137] Disponível em https://www.tas-cas.org/en/index.html.

[138] Disponíveis em https://www.adr.org/Rules.

[139] Veja-se, nesse sentido, a sistemática de fixação dos honorários dos árbitros prevista no Art. 41 (3) do regulamento de arbitragem Uncitral, utilizado em arbitragens *ad hoc*: "*3. Promptly after its constitution, the arbitral tribunal shall inform the parties as to how it proposes to determine its fees and expenses, including any rates it intends to apply. Within 15 days of receiving that proposal, any party may refer the proposal to the appointing authority for review. If, within 45 days of receipt of such a referral, the appointing authority finds that the proposal of the arbitral tribunal is inconsistent with paragraph 1, it shall make any necessary adjustments thereto, which shall be binding upon the arbitral tribunal*".

[140] Estudo "2018 International Arbitration Survey: The Evolution of International Arbitration", p. 2: *"Respondents continue to prefer given institutions primarily for their general reputation and recognition. Preferences are also decisively shaped by an assessment of the quality of administration and of the institutions' previous experience"*.

[141] Lei 9.307 de 1996 "Lei de Arbitragem", Art. 19: "Considera-se instituída a arbitragem quando aceita a nomeação pelo árbitro, se for único, ou por todos, se forem vários. [...] § 2º A instituição da arbitragem interrompe a prescrição, retroagindo à data

do requerimento de sua instauração, ainda que extinta a arbitragem por ausência de jurisdição".

[142] Lei de Arbitragem, Art. 15: "*A parte interessada em argüir a recusa do árbitro apresentará, nos termos do art. 20, a respectiva exceção, diretamente ao árbitro ou ao presidente do tribunal arbitral, deduzindo suas razões e apresentando as provas pertinentes Parágrafo único. Acolhida a exceção, será afastado o árbitro suspeito ou impedido, que será substituído, na forma do art. 16 desta Lei*".

[143] CAHALI, Francisco José. *Curso de Arbitragem*. São Paulo: Revista dos Tribunais, 2017, p. 150.

[144] ICC. Nota às Partes e aos Tribunais Arbitrais sobre a Condução da Arbitragem Conforme o Regulamento de Arbitragem da CCI: "*45. No caso de apresentação da minuta de sentença arbitral fora do prazo acima citado no item 43, a Corte poderá reduzir os honorários, conforme abaixo estipulado, a não ser que esteja convencida que o atraso seja atribuível a fatores fora do controle dos árbitros ou a circunstâncias excepcionais, e sem prejuízo de outras medidas que possam ser tomadas pela Corte, como a substituição de um ou mais árbitros [...]*" (Disponível em https://iccwbo.org/content/uploads/sites/3/2016/11/Note-to-Parties-and-Arbitral-Tribunals-on-the-Conduct-of-the-Arbitration-PORTUGUESE.pdf).

[145] https://iccwbo.org/dispute-resolution-services/professional-development/young-arbitrators-forum-yaf/

[146] https://www.icdr.org/young-and-international

[147] https://www.cpradr.org/programs/y-adr

[148] https://www.amcham.com.br/o-que-fazemos/arbitragem-e-mediacao

[149] http://camarb.com.br/camarbjovem/

[150] https://ccbc.org.br/cam-ccbc-centro-arbitragem-mediacao/new-generation-cam-ccbc/

[151] http://www.cbma.com.br/jovens_arbitralistas

[152] http://camarb.com.br/competicao_sobre/

[153] https://vismoot.pace.edu/

[154] Lei nº 8.906 de 1994, "*Estatuto da Advocacia*", Art. 1º: "*São atividades privativas de advocacia: [...] II - as atividades de consultoria, assessoria e direção jurídicas*".

[155] Lei de Arbitragem, Art. 19: "*Art. 19. Considera-se instituída a arbitragem quando aceita a nomeação pelo árbitro, se for único, ou por todos, se forem vários. [...] § 2º A instituição da arbitragem interrompe a prescrição, retroagindo à data do requerimento de sua instauração, ainda que extinta a arbitragem por ausência de jurisdição*".

[156] Lei de Arbitragem, Art. 26 : "*São requisitos obrigatórios da sentença arbitral: I - o relatório, que conterá os nomes das partes e um resumo do litígio; II - os fundamentos da decisão, onde serão analisadas as questões de fato e de direito, mencionando-se, expressamente, se os árbitros julgaram por eqüidade; III - o dispositivo, em que os árbitros resolverão as questões que lhes forem submetidas e estabelecerão o prazo para o cumprimento da decisão, se for o caso; e IV - a data e o lugar em que foi proferida. Parágrafo único. A sentença arbitral será assinada pelo árbitro ou por todos os árbitros. Caberá ao presidente do tribunal arbitral, na hipótese de um ou alguns dos árbitros não poder ou não querer assinar a sentença, certificar tal fato*".

[157] STJ. Terceira Turma. REsp 1.433.940-MG. Rel. Min. Ricardo Villas Bôas Cueva. Jul-

gado em 26.09.2017.

[158] Lei de Arbitragem, Art. 33: "*A parte interessada poderá pleitear ao órgão do Poder Judiciário competente a declaração de nulidade da sentença arbitral, nos casos previstos nesta Lei. [...] § 4o A parte interessada poderá ingressar em juízo para requerer a prolação de sentença arbitral complementar, se o árbitro não decidir todos os pedidos submetidos à arbitragem*".

[159] Notável exceção neste ponto são as arbitragens envolvendo a administração pública, na dicção do § 3º do Art. 2º da Lei de Arbitragem: "*a arbitragem que envolva a administração pública será sempre de direito e respeitará o princípio da publicidade*".

[160] No tocante à publicidade de procedimentos envolvendo a administração pública, alguns Centros adotaram resoluções que organizam a forma e extensão da publicidade. A Resolução 3/2018 da Presidência, da Câmara Ciesp/Fiesp determina que "*nos procedimentos arbitrais administrados pela Câmara Ciesp/Fiesp, incumbe à parte pertencente à Administração Pública solicitar ou promover a publicidade prevista no art. 22, § 32, da Lei de Arbitragem, observado o disposto na Lei n. 12.527/2011, podendo essa obrigação ser mitigada nos casos de sigilo previstos em lei, a juízo do tribunal arbitral, mediante solicitação das Partes*". A Resolução RA 15/2016 da Presidência do CAM-CCBC estabelece, por sua vez, que "*nos procedimentos arbitrais em que são partes entes da administração pública direta, com o intuito de atender ao princípio da publicidade previsto no art. 2º, § 3º, da Lei nº 9.307/96, as partes, no Termo de Arbitragem, disporão sobre quais informações e documentos poderão ser divulgados e a forma a ser adotada para torná-los acessíveis a terceiros*".

[161] Lei de Arbitragem, Art. 33: "*A parte interessada poderá pleitear ao órgão do Poder Judiciário competente a declaração de nulidade da sentença arbitral, nos casos previstos nesta Lei. [...] § 1º A demanda para a declaração de nulidade da sentença arbitral, parcial ou final, seguirá as regras do procedimento comum, previstas na Lei no 5.869, de 11 de janeiro de 1973 (Código de Processo Civil), e deverá ser proposta no prazo de até 90 (noventa) dias após o recebimento da notificação da respectiva sentença, parcial ou final, ou da decisão do pedido de esclarecimentos*".

[162] Lei de Arbitragem, Art. 13: "*Pode ser árbitro qualquer pessoa capaz e que tenha a confiança das partes. [...] § 4º Sendo nomeados vários árbitros, estes, por maioria, elegerão o presidente do tribunal arbitral. Não havendo consenso, será designado presidente o mais idoso. § 4o As partes, de comum acordo, poderão afastar a aplicação de dispositivo do regulamento do órgão arbitral institucional ou entidade especializada que limite a escolha do árbitro único, coárbitro ou presidente do tribunal à respectiva lista de árbitros, autorizado o controle da escolha pelos órgãos competentes da instituição, sendo que, nos casos de impasse e arbitragem multiparte, deverá ser observado o que dispuser o regulamento aplicável*".

[163] GAILLARD, Emmanuel. Sociology of international arbitration. *Arbitration International*, 2015, 31, 1-17, p. 5. Disponível em https://www.arbitration-icca.org/media/7/70785051257890/emmanuel-gaillard--sociology-of-international-arbitration-042715-ia.pdf.

[164] Regimento Interno da Câmara Ciesp/Fiesp: "*4. Compete ao Presidente da Câmara: [...] f) expedir normas complementares e de procedimento, visando dirimir dúvidas sobre aplicação deste Regimento e Regulamentos referentes aos casos omissos*".

[165] Estatuto da Camarb: "*Art. 19 – Sem prejuízo das demais atribuições previstas neste Estatuto, compete ao Presidente: [...] g) expedir resoluções, regulamentos ou atos sobre questões atinentes à administração da Camarb ou a procedimentos por ela administrados*".

[166] Regulamento de Arbitragem do CAM-CCBC: "*2.6. Compete ao Presidente do CAM-

CCBC: [...] *(c) expedir Resoluções Administrativas".*

[167] DEZALAY, Yves; GARTH, Bryant G. *Dealing in Virtue*: international commercial arbitration and the construction of a transnational legal order. Chicago e Londres: University of Chicago Press, 1996, p. 35: *"The specific criteria for these 'grand notable' arbitrators allow for numerous variations. Different countries and legal systems have different hierarchies in their legal professions. The great professors and a few high judges have for a long time controlled the arbitration terrain of Continental Europe, while the comparable role is assumed in the Anglo-American system by the most respected of practitioners, senior barristers or Queen's Counsel (QCs), or senior partners in firms of solicitors or U.S. law firms. Retired judges such as Lord Wilberforce have been important as well to England. The arbitration market has selected those at the top of their domestic professions to become senior arbitrators: 'high profile, high visibility ... national aura behind them'".*

[168] Na Câmara Ciesp/Fiesp, por exemplo, as funções desempenhadas pelo Centro competem a seus presidentes, Ministros Sydney Sanches e Ellen Gracie Northfleet, ambos ministros aposentados e ex-presidentes do Supremo Tribunal Federal. Por sua vez, a fundação do NYIAC foi inspirada pela juíza Judith S. Kaye, primeira mulher a servir como presidente (*chief judge*) da Corte de Apelações de Nova Iorque (https://nyiac.org/nyiac-news/nyiac-founding-chairperson/).

[169] O CAM-CCBC foi fundado por um grupo de advogados, juristas e destacados membros da academia e teve como primeiro presidente o Prof. José Carlos de Magalhães, professor sênior da Universidade de São Paulo e precursor da arbitragem no Brasil. Vide: CIAFFONE, Andréa. "40 Anos CAM-CCBC" In: *Explore*, nº 1, fev. 2020. Disponível em https://ccbc.org.br/wp-content/uploads/2020/02/revista-explore-edicao-01-web.pdf.

[170] Esse é o caso, por exemplo, da Corte da CCI, CAM-CCBC, Camarb e CBMA, presididos respectivamente por Alexis Mourre, Eleonora M. B. L. Coelho, Augusto Tolentino Pacheco de Medeiros e Gustavo da Rocha Schmidt.

[171] O CPR, baseado em Nova Iorque, teve como presidente Noah Hanft, que, antes de assumir a presidência do Centro, tinha exercido a função de diretor jurídico (*general counsel*) global da MasterCard. O mandato dele encerrou-se em 2019, quando foi substituído por Allen Waxman que, além de atuar na advocacia, foi diretor jurídico (*general counsel*) da Pfizer e da Eisai Inc.

[172] O relacionamento entre a Corte e a CCI está descrito no Art. 1º dos Estatutos da Corte: "*1 Compete à Corte Internacional de Arbitragem da Câmara de Comércio Internacional (a 'Corte') garantir a aplicação do Regulamento de Arbitragem da Câmara de Comércio Internacional, para o que goza de todos os poderes necessários. 2 Como instituição autônoma, a Corte desempenha essas funções de forma totalmente independente da CCI e dos seus órgãos. 3 Os membros da Corte são independentes dos Comitês Nacionais e Grupos da CCI".*

[173] Vide https://iccwbo.org/media-wall/news-speeches/icc-renews-alexis-mourre-president-nominates-court-full-gender-parity-unprecedented-diversity/#1529595712124-1b94ffed-b833.

[174] Regulamento de Arbitragem do CAM-CCBC: "*2.11. Compete ao Conselho Consultivo auxiliar o Presidente do CAM-CCBC em suas atribuições, sempre que por ele solicitado, assim como sugerir medidas que fortaleçam o prestígio da instituição e a boa qualidade de seus serviços".*

[175] Regulamento de Arbitragem da Amcham: "*Artigo 7. Atribuições do Conselho Consultivo. 7.1. Cabe ao Conselho Consultivo auxiliar o Centro de Arbitragem e Mediação AMCHAM em suas funções, de acordo com o Estatuto e os Regulamentos do Centro. O Conselho Consultivo*

contribui para o aprimoramento do Centro de Arbitragem e Mediação AMCHAM, mantendo a Secretaria do Centro atualizada com a prática da arbitragem, mediação e dos outros tipos de resolução de disputas administradas pelo Centro".

[176] Regimento interno da Câmara Ciesp/Fiesp: "6. *Compete ao Conselho Superior da Câmara: a) a coordenação, a supervisão e a orientação relativas às suas funções, promovendo a política estratégica para a consecução de seus objetivos; b) a organização, a disciplina e a edição de normas, para assegurar o cumprimento de suas finalidades; c) a divulgação de sua atuação e a disseminação da cultura de soluções alternativas de controvérsias e conflitos de interesses, contribuindo para a pacificação social; d) propor ao Ciesp e à Fiesp a celebração de convênios e parcerias, para a expansão de suas atividades, assim como a manutenção de intercâmbio com instituições culturais, científicas e tecnológicas, associações profission-ais e universitárias, empresas públicas e privadas, visando ao desenvolvimento do método alternativo de solução de litígios; e) a proposição de estratégias e planejamento para a Câ-mara; f) as decisões relativas aos incidentes e às deliberações sobre consultas formuladas pelo Presidente da Câmara nos procedimentos de conciliação, mediação e arbitragem; g) sanar dúvidas e auxiliar a Presidência do Conselho em suas decisões administrativas; h) homologar a designação de conciliadores, mediadores e árbitros para o corpo permanente da Câmara, conforme disposto no item 4.c deste Regimento; i) imposição de medida administrativa de desligamento da lista de Conciliadores, Mediadores e Árbitros, observado o item 4.i."*

[177] Histórico disponível em: https://iccwbo.org/about-us/who-we-are/history/.

[178] Estatuto social disponível em https://ccbc.org.br/wp-content/uploads/2019/11/Estatuto-Social-CCBC-2019.pdf. A autonomia do Centro com relação à CCBC revela-se, entre outras disposições, no Artigo 2 do Regulamento de Arbitragem que estabelece as competências decisórias do Centro e dispõe, entre outros temas, que: "*2.1. O CAM-CCBC atuará sob esta denominação, tendo como sede a cidade de São Paulo, Capital do Estado de São Paulo, sem prejuízo da possibilidade desta instituição administrar procedimentos sedia-dos em qualquer localidade do Brasil ou do exterior, conforme disposto no artigo 9.1 deste Regulamento. 2.2. O CAM-CCBC tem por objeto administrar os procedimentos de arbitragem, mediação, além de outros métodos de solução de conflitos que lhes forem submetidos pelos interessados, independentemente de filiação à Câmara de Comércio Brasil-Canadá, abrevia-damente denominada Câmara, nacionalidade, domicílio ou origem, praticando os atos e serviços previstos neste Regulamento".*

[179] Estatuto disponível em http://www.ciesp.com.br/wp-content/uploads/2018/05/Estatuto-CIESP-2018.pdf. A relação da Câmara com o Ciesp, e sua autonomia na condução das arbitragens, revela-se, entre outras disposições, no Art. 4 de seu Regimento Interno, segundo o qual "*4. Compete ao Presidente da Câmara: a) administrar e representar a Câ-mara, delegando poderes quando necessário; b) aplicar e fazer aplicar este Regimento e os Regulamentos".*

[180] Regulamento de Arbitragem da Amcham, Art. 1: "*O Centro de Arbitragem e Mediação vinculado à Câmara Americana de Comércio para o Brasil – São Paulo, doravante denom-inado "Centro de Arbitragem e Mediação AMCHAM" ou 'Centro', é o órgão de arbitragem, mediação e outros serviços de resolução de disputas da Câmara Americana de Comércio para o Brasil – São Paulo".*

[181] Estatuto disponível em http://camarb.com.br/wpp/wp-content/uploads/2019/07/estatuto-registrado-08-07-2019.pdf.

[182] Estatuto disponível em http://www.cbma.com.br/arquivos/anexos/Estatuto_CB-MA.pdf.

[183] Conforme site do Conima - https://conima.org.br/institucional/instituicoes/.

[184] Marianna Falconi Marra. Graduada em Direito pela UFRJ e Pós-Graduada em Direito Processual Civil pela PUC-Rio. Especializada em Direito Internacional pela The Hague Academy of International Law. Coordenadora do Curso Prático de Arbitragem - CPA. Advogada e analista na Leste Litigation Finance.

[185] Renata Szczerbacki Setton. Mestranda em Direito Civil pela UERJ. Graduada em Direito pela PUC-Rio. Advogada e analista na Leste Litigation Finance.

[186] 2019 ICC Dispute Resolution Statistics. Disponível em: https://library.iccwbo.org/.

[187] Também chama atenção um movimento recente, por diversos órgãos da Administração Pública, nas esferas federal, estadual e municipal, de edição de atos normativos para regulamentação do emprego da arbitragem para dirimir conflitos relativos a direitos patrimoniais disponíveis envolvendo os entes públicos. Mais recentemente, os estados do Rio de Janeiro e de São Paulo regulamentaram o uso da arbitragem nos contratos firmados pela Administração Pública direta e indireta estadual e suas autarquias, por meio dos Decretos de nº 46.245/18 e 64.356/19, respectivamente.

[188] Levada a cabo pela a edição da Lei nº 13.467, de 13/07/2017.

[189] Especificamente, a cláusula compromissória pode ser inserida nos contratos individuais de trabalho em que o empregado perceba remuneração superior a duas vezes o limite máximo estabelecido para os benefícios do Regime Geral de Previdência Social, nos termos do art. 507-A da Consolidação das Leis do Trabalho (CLT).

[190] Dentre os litígios decorrentes da arbitragem, tem-se a ação anulatória de sentença arbitral, o cumprimento de sentença arbitral e o ajuizamento de medidas cautelares ou preparatórias para o procedimento arbitral.

[191] Para maiores informações sobre a Leste Litigation Finance: http://www.leste.com/pt/leste-litigation-finance/.

[192] CABRAL, Thiago Dias Delfino. Impecuniosidade e arbitragem: uma análise da ausência de recursos financeiros para a instauração do procedimento arbitral. Rio de Janeiro: Quartier Latin, 2020.

[193] Quanto a esse ponto, vale ressaltar que a crítica da quebra da confidencialidade pela presença do financiador no processo arbitral nada mais é do que um falso problema. Primeiramente, muitos procedimentos sequer são abarcados pela confidencialidade, a exemplo dos procedimentos que envolvem a Administração Pública (§ 3º do art. 2º da Lei de Arbitragem). Em segundo lugar, a confidencialidade estará resguardada pelo acordo de confidencialidade assinado com o financiador, praxe no mercado de financiamento de arbitragens. Por último, nada difere a situação do terceiro financiador de qualquer outro terceiro que participa do procedimento arbitral, tais como os assistentes técnicos das partes e o perito do Tribunal Arbitral, em relação aos quais o envio dos documentos atinentes ao caso não é questionado.

[194] A esse respeito, destaca-se, principalmente, o estudo elaborado pelo International Council for Commercial Arbitration (ICCA) junto com a Universidade de Queen Mary sobre melhores práticas em financiamento de Arbitragem (Report of the ICCA-Queen Mary Task Force on Third-Party Funding in International Arbitration); o Princípio Geral 7(a) das IBA Guidelines; e a Resolução Administrativa nº 18 do Centro de Arbitragem e Mediação da Câmara de Comércio Brasil-Canadá, editada em 20 de julho de 2016.

[195] CASADO FILHO, Napoleão. Arbitragem e acesso à justiça: O novo paradigma do Third Party Funding. São Paulo: SaraivaJur, 2017.

[196] "Art. 14. Estão impedidos de funcionar como árbitros as pessoas que tenham, com

as partes ou com o litígio que lhes for submetido, algumas das relações que caracterizam os casos de impedimento ou suspeição de juízes, aplicando-se-lhes, no que couber, os mesmos deveres e responsabilidades, conforme previsto no Código de Processo Civil. § 1º As pessoas indicadas para funcionar como árbitro têm o dever de revelar, antes da aceitação da função, qualquer fato que denote dúvida justificada quanto à sua imparcialidade e independência."

[197] "Art. 32. É nula a sentença arbitral se: (...) II - emanou de quem não podia ser árbitro"

[198] CASTRO NEVES, José Roberto. Custas, despesas e sucumbência na arbitragem. In: Revista de Arbitragem e Mediação, vol. 43, p. 209-216, out-dez, São Paulo: Editora Revista dos Tribunais. 2014, versão eletrônica.

[199] Sobre o tema, recomenda-se a seguinte leitura: CARDOSO, Marcel Carvalho Engholm. Arbitragem e financiamento por terceiros. São Paulo: Almedina, 2020, pp. 183/185.

[200] Ainda que o mesmo racional possa ser aplicado ao contrato de honorários advocatícios, ambas as contratações se diferem na medida em que os custos com advogado são comumente inerentes ao procedimento arbitral, ao passo que os custos com financiamento representam custos extraordinários incorridos pela parte.